Die
Gründung des Norddeutschen Bundes.

Die Gründung des Norddeutschen Bundes.

Ein Beitrag zur Lehre von der Staatenschöpfung.

Von

Karl Binding.

Sonderabdruck
aus der Festgabe der Leipziger Juristenfakultät für B. Windscheid
zum 22. Dezember 1888.

Leipzig,
Verlag von Duncker & Humblot.
1889.

Inhaltsverzeichnis.

			Seite
§ 1.		Die gebotenen Ausgangspunkte	3—7
§ 2.	I.	Der Sieg des Vereinbarungsgedankens.	7—11
§ 3.	II.	Der Bündnisvertrag vom 18. August 1866	11—18
	III.	Dessen Durchführung und Nichtdurchführung .	18—65
§ 4.		1. Einleitung	18—20
§ 5.		2. Ersatz des einen Reichswahlgesetzes durch 22 sonder= rechtliche Wahlgesetze	20—29
§ 6.		3. Die angebliche Umwandlung in der Rechtsstellung des Reichstags	29—37
§ 7.		4. Die Verfassungsvereinbarung	37—42
§ 8.		5. Der vereinbarende Reichstag insbesondere	42—46
§ 9.		6. Die Lücke der Vereinbarung bezüglich des dies a quo .	47—48
§ 10.		7. Die Unterlassung der Verfassungsverkündigung . . .	48—53
§ 11.		8. Die Rechtslage nach der Verfassungsvereinbarung	53—59
§ 12.		9. „Landesgesetzgebung"	59—65
§ 13.	IV.	Die Rechtsgedanken im Gründungswerk	65—72

§ 1.
Die gebotenen Ausgangspunkte [1].

Nicht in graue Vorzeit braucht zurückzusinnen, wer sich richtig vorstellen möchte, wie Rechtsquellen und Recht entstehen, wo solche bisher nicht vorhanden waren. Großartige Erscheinungen der Neuzeit, in ihrem ganzen Verlaufe klar und unzweifelhaft, in ihren Ergebnissen unangefochten und unanfechtbar, lehren beredt und deutlich, was das Altertum oft ganz verhüllt, oft nur halb erraten läßt. Aber seltsam genug — diese Lehren, um so bedeutsamer, je seltener wir sie der Geschichte in solcher Klarheit verdanken, werden leicht überhört, noch leichter mißdeutet. Sind die neuen Rechtsquellen neue Staaten, so ist es, als ob die Erfüllung oder Vereitelung politischer Hoffnungen und die dadurch erregten Empfindungen den Blick von dem Werdegang ablenkten. Aber gerade aus ihm sind tiefere Aufschlüsse zu schöpfen, und so soll unsere Quelle das Werden des großartigsten Staatsgebildes der Neuzeit sein.

Am 30. Juni 1867 stehen in Norddeutschland noch 22 Staaten in voller Souveränität, keiner irdischen Macht unterthan, neben einander; ein organisiertes norddeutsches Volk im Sinne des Staatsrechts ist noch nicht zu entdecken: die Preußen, die Sachsen, die Mecklenburger, sie fühlen sich als Deutsche, aber in den Augen des

---

[1] Die Absicht dieser Abhandlung ist ihrem Anlasse entsprechend. Sie will einem Freunde eine Freude machen: sie giebt ihm, was Männer der Wissenschaft einander schenken können: ein paar eigener Gedanken. Sie vermeidet den Streit, der dem Feste nicht frommt, und kritisiert mehr Ereignisse als Menschen.

Rechts sind sie es nicht. Eine Tageswende später: und ein norddeutscher Staat steht neben und über jenen 22 alten Gemeinwesen und beginnt — handlungsfähig geboren wie alle Staaten — sofort in Ausführung seiner allseitig anerkannten Verfassung thatkräftig zu leben; die Scheiden der norddeutschen Völkerschaften aber sind soweit als nötig gesunken, damit letztere zu einem norddeutschen Staatsvolke zusammenfließen konnten.

Woher schöpft aber das neue Gemeinwesen die Rechtsgewißheit seiner Verfassung? Es gab doch vor diesem Tage keine „gesetzgebende Gewalt" als Teil einer vorhandenen Staatsgewalt, aus der jene Verfassung und jene Institutionen ihren Bestand von Rechtswegen ableiten konnten! Denn ihre Rechtsgültigkeit auf die gesetzgebenden Gewalten der norddeutschen Staaten zu gründen, ist undenkbar. Ein Staat kann für sich selbst, aber nie und nimmer für oder wider souveräne Nebenstaaten und für die Nation, deren eines Glied sein Staatsvolk ist, Gesetze geben.

Wie sehr diese Staatengründungen abseiten unseres juristischen Denkens und Verstehens liegen, dafür beweist der doppelte Umstand, daß die Schöpfung des Norddeutschen Bundes nicht nur in unserer zweifellos kräftig aufblühenden Wissenschaft des Staatsrechts bis heute noch vielfach verkannt wird [2]), sondern daß auch die großen Schöpfer des neuen Gemeinwesens — obschon klar über das Ziel und den einzigen Weg zu ihm — diesen nicht ohne Irrung gewandert sind. Wer hinterher die Linie ihres Ganges verfolgt, erkennt unschwer, was während des Vorschreitens auf ungewohntem Pfade sich dem Auge leicht entzog, und seine Beobachtung kann keinen Tadel bedeuten.

---

[2]) In voller Schärfe verneint wird die Thatsache der Staatengründung von Seydel, Kommentar zur Verfass.-Urkunde. Würzburg 1873. Einleitung und S. 3 ff. Seine Beweisführung ist nicht ohne Scharfsinn, aber mißlingt vollständig (wohlthuend dagegen die gesunden Gründe v. Mohls Reichsstaatsrecht S. 37 N. 1). Schlimmer sind die Ausführungen von Zorn, Staatsrecht des Deutsch. Reichs I S. 17 ff., wo ein schweres Mißverständnis das andere ablöst.

Spürt man den Gründen der Fehler nach, so finden sich deren besonders zwei:

1. Die Hauptquelle zugleich der theoretischen wie der praktischen Irrungen bildet das Verkennen der Wahrheit, daß die Schöpfung von Nationalstaaten über einer Reihe schon bestehender Gemeinwesen und zugleich über der ganzen Nation Vollzug von Staatsgesetzen nie sein kann [3]). Möglich, daß der eine oder andere Vorbereitungsakt in Ausführung von Landesrecht zu geschehen vermag. Der Teil gewinnt dadurch an rechtlicher Unanfechtbarkeit: das Ganze wird dadurch leicht geschädigt. An den beiden Stellen, wo die Schöpfungsgeschichte des Norddeutschen Bundes den Weg des Erlasses und Vollzugs von Landesgesetzen zu betreten versucht hat, ist sie jedesmal schwer gefährdet worden zur Strafe dafür, daß sie ihre hohe Bahn über dem Rechte der Einzelstaaten hin verlassen hat. Der große Vorgang muß extra et supra legem bleiben [4]).

2. Der andere Fehler, dem die Theorie verfallen, entspricht der Neigung auch diese Staatengründungsvorgänge gewissen Schablonen unterthan zu machen, sei's, daß sie den Staatsvertrag als dazu taugliches Mittel allgemein bejaht [5]) oder verneint [6]). Diese Vorgänge wollen aber durchaus individuell betrachtet sein, und nichts wirkt wiederum schädlicher als die Rechtsvergleichung vor genauester Feststellung der Einzelvorgänge.

---

[3]) Diesen Fehler, der in den verschiedensten Wendungen auftaucht, werde ich kurz als den Gesetzlichkeitsfehler bezeichnen.

[4]) Ob man dadurch genötigt ist, die Schöpfung des Nationalstaates mit Jellinek, Lehre von den Staatenverbindungen S. 262. 264, als rein thatsächlichen, also am Rechte nicht zu messenden Vorgang zu bezeichnen, das zu prüfen bleibe der Schlußbetrachtung vorbehalten. Jellineks treffliche Ausführungen haben großen Eindruck gemacht. S. Mejer, Einleitung S. 301; Laband I S. 32 (damit im Widerspruch S. 33); Zorn I S. 24, der aber mit dieser seiner Ansicht in ständigem Hader lebt.

[5]) S. die Anhänger dieser Theorie in Anwendung auf den Norddeutschen Bund bei Laband I S. 30 N. 2.

[6]) Besonders energisch Jellinek a. a. O. S. 253 ff.

Es versteht sich ganz von selbst, daß wenn die Nation politisch mündig ist, prinzipiell nicht über ihren Kopf weg das Reich begründet werden kann. Bestehen die Einzelstaaten in Republiken oder beschränkten oder selbst unbeschränkten Monarchieen, in welch letzteren aber der Übergang zur konstitutionellen Staatsform — daß ich so sage — schon beschlossene Sache ist, so erscheint der durch die Regierungen einseitig abgeschlossene Staatsvertrag, richtiger dessen gemeinsame Ausführung durch die Teilnehmer, als untaugliches Mittel: dem Akt fehlt gegenüber dem Volke die Rechtsverbindlichkeit. Vereinbaren aber absolute Herrscher unter sich eine Gesamtstaats-Verfassung und bringen sie gemeinsam zur Ausführung, so ist nicht einzusehen, weshalb der Gesamtstaat dadurch nicht soll erzeugt werden können[7].

Da in Deutschland allgemeines Einverständnis über die Notwendigkeit einer Mitwirkung der Nation bestand, ein Staatsvertrag aber, der verbindliche Kraft über die Völker der Einzelstaaten hinaus erlangen will, ein Staatsvertrag, der zu seiner Gültigkeit der Zustimmung eines ad hoc einberufenen Parlaments bedarf, ganz undenkbar ist, weil derselbe Rechtsakt nicht zugleich international und national sein kann, so ist allerdings für den Norddeutschen Bund ein völkerrechtlicher Vertrag als staatsrechtliche Basis ganz unannehmbar.

Nach Verschiedenheit der Verhältnisse führen eben ganz verschiedene Wege zum gleichen Ziel. Wird auf Wunsch der Regierungen wie der Nation erst ein unverbindlicher Verfassungsentwurf aufgestellt, zu dessen Annahme die Einzelstaaten gewonnen werden sollen, so muß der Verlauf der Staatengründung ein vollständig anderer werden, als wenn begonnen wird sofort mit Aufstellung einer abgeschlossenen in ihren Einzelheiten nicht mehr in Frage zu ziehenden Verfassung. Und in letzterem Falle ist wieder

---

[7]) Treffend hebt Haenel, Studien I S. 68 hervor, wie der juristische Entstehungsgrund eines Rechtsverhältnisses über dessen innere Natur nicht entscheidet.

scharf zu scheiden, ob diese Verfassung wie in den Jahren 1848 und 1849 einseitig von der Nation, oder wie 1867 gemeinsam von der Nation und den Regierungen aufgestellt wird.

Je nachdem der eine oder andere Weg der Staatengründung eingeschlagen wird, kann bald ein größerer, bald ein kleinerer, bald prinzipiell gar kein Teil desselben sich als Vollzug von Gesetzen der Einzelstaaten darstellen.

Meine Aufgabe finde ich nun ausschließlich in dem deutschen Nationalstaat und dessen Schöpfung [8]).

§ 2.
I. Der Sieg des Vereinbarungsgedankens.

Es ist kein Zufall, daß in demselben Augenblicke, wo 1848 der frühere deutsche Bund in einen deutschen Staat umgewandelt werden sollte, das alte Mittel des Staatenvertrags als dazu untauglich von allen Seiten anerkannt ward, und daß die Fähigkeit eine neue Staatsgewalt zu schaffen nur von den Potenzen beansprucht wurde, die sich schließlich als deren Mitinhaber wirklich erwiesen haben, daß aber sofort — wenn auch leise und zuerst ungehörig mißachtet — der Widerspruch zwischen ihnen ausbrach, als sich die eine dieser Mächte anschickte die andere von der Teilnahme am Verfassungswerk auszuschließen. Der alte Kampf zwischen vereinbarter und oktroyierter Verfassung ward von seinem bisherigen Schauplatz, dem Boden zu Recht bestehender Staatsgewalten, auf das vorstaatliche Gebiet verlegt, und gerade als ob die Rechte derer, die sich zu

---

[8]) Da ich öfter zur Vor- und Rückschau genötigt bin und dem chronologischen Verlauf nicht streng folge, verweise ich besonders auf Thudichum, Verfassungsrecht des Nordd. Bundes. Tübingen 1870 S. 12 ff., Meyer, Einleitung in das deutsche Staatsrecht S. 272—303, und auf Laband, Reichsstaatsrecht I S. 9—33. Da dessen Darstellung in der 1. Aufl. I S. 9—33 mit der der 2. Aufl., S. 9—33 bis auf deren vier letzte polemische Seiten fast wörtlich übereinstimmt, die 2. Aufl. auch dem Auszug bei Marquardsen zeitlich nachfolgt, citiere ich nur die 2. Aufl.

solcher Staatenschöpfung anschicken, durch geschriebenes Gesetz zweifellos begründet und an seinen Satzungen sicher zu bemessen wären, behaupteten die einen die Rechtsbeständigkeit auch der oktroyierten, die andern nur die der vereinbarten staatsbegründenden Verfassung.

Die erste Auffassung ist die natürliche des an dem guten Willen der deutschen Staatenregierungen nicht ohne Grund verzweifelnden deutschen Volkes in dem Vorparlamente und leider auch später in der „verfassunggebenden Nationalversammlung" der Paulskirche [9]). Das erstere sprach sich über die Aufgabe der letzteren dahin aus, „daß die Beschlußnahme über die künftige Verfassung Deutschlands **einzig und allein** dieser vom Volke zu erwählenden konstituierenden Nationalversammlung zu überlassen sei" [10]).

Anders der Bundestag. In seiner Sitzung vom 30. März 1848 trug der sächsische Gesandte namens des Revisionsausschusses vor: „Eine neue Verfassung kann entweder einfach aus der Vereinbarung der Regierungen hervorgehen, und von diesen gemeinschaftlich durch Bundesbeschluß oktroyiert werden, oder sie kann im Wege des Vertrages und freier Zustimmung der Regierungen auf der einen und des Volkes auf der anderen Seite zur Gültigkeit gebracht werden. Nur dieser letztere Weg giebt eine Gewähr für den Bestand der Verfassung." Der Bund beschloß dem entsprechend die Bundesregierungen zur Anordnung der Wahlen von „Nationalvertretern" aufzufordern, welche möglichst bald am Sitze der Bundesversammlung zusammenzutreten haben, „um zwischen den Regierungen und dem Volke das deutsche Verfassungswerk zustande zu bringen" [11]).

---

[9]) Doch hatte in dieser der Vereinbarungsgedanke dennoch zahlreiche Anhänger, die durch v. Gagerns Proklamierung der Volkssouveränetät peinlich überrascht waren. S. Wichmann, Denkwürd. aus der Paulskirche. Hannover 1888 S. 10 ff.

[10]) S. Weil, Quellen u. Aktenstücke zur deutschen Verfassungsgeschichte. Berlin 1850 S. 97.

[11]) G. v. Meyer, Corpus juris Confoed. German. Zöpfl (3. Aufl.) II S. 468—470. S. auch Weil a. a. O. S. 100.

Dieselbe Grundanschauung teilt offenbar Dahlmann in seinem schönen Vorworte zu dem von den 17 Vertrauensmännern der Bundesversammlung am 26. April 1848 überreichten „Entwurf des Reichsgrundgesetzes"[12]).

An dem Versuche der Verfassungs-Oktroyierung ist die Nationalversammlung, an seinem stets nur halben Willen und dem Versuche eine Verfassung zu vereinbaren ohne den Druck einer mächtigen Volksversammlung auf die widerstrebenden Mittelstaaten ist König Friedrich Wilhelm IV. gescheitert.

Als dann mit Anfang der sechziger Jahre die Frage nach Bundesreform und Einfügung eines beratenden Delegiertenhauses in die soidisant Bundesverfassung im Schoße des Bundestags auftauchte, sah der Bund als selbstverständlich an — von dem Standpunkte des Staatenbundes aus ganz folgerichtig —, daß er allein ohne Mitwirkung der deutschen Völkerschaften, geschweige des deutschen Volkes, die Reform vorzunehmen berechtigt sei.

Dem gegenüber hat Preußen klar und energisch den Vereinbarungsplan festgehalten. Überzeugend vertritt es ihn nach mehrfachen früheren Kundgebungen in der berühmten Erklärung des preußischen Gesandten am Bundestage in der Sitzung vom 9. April 1866: freilich lediglich mit politischen, nicht mit Rechtsgründen — aus der gesunden Überzeugung heraus, daß das politisch allein Mögliche auch das rechtlich Gegebene sei[13]).

---

[12]) v. Meyer II S. 490—491. Weil a. a. O. S. 109 ff.

[13]) S. Hahn, Zwei Jahre Preußisch-Deutscher Politik. Berlin 1868. S. 60 ff.: „Die Geschichte der mannigfachen in den letzten Jahrzehnten unternommenen Reformversuche hat erfahrungsmäßig gelehrt, daß weder die einseitigen Verhandlungen unter den Regierungen, noch die Debatten und Beschlüsse einer gewählten Versammlung allein imstande waren, eine Neugestaltung des nationalen Verfassungswerkes zu schaffen. — Wenn erstere immer bei dem Austausch verschiedenartigster Meinungen und der Ansammlung eines endlosen Materials stehen geblieben sind, so geschah dies, weil es an der ausgleichenden und treibenden Kraft des nationalen Geistes bei diesen Verhandlungen fehlte und die partikularistischen Gegensätze zu schroff und einseitig dabei festgehalten wurden. Ein solcher, zu höherer Einigung der Gegensätze führender Faktor ist nur in

Der alte Bund freilich mußte zu Grunde gehen, ehe dieser Plan Verwirklichung finden konnte. Es bedurfte des Hochdrucks großer Ereignisse, um alle norddeutschen Staaten zu gemeinsamer Ausführung desselben zu vereinigen.

Hatte die preußische Regierung am 16. Juni 1867, also zwei Tage nach ihrem Austritt aus dem Bunde, mittels identischer Noten alle norddeutschen Staaten außer Sachsen, Hannover und beiden Hessen eingeladen „mit ihm ein Bündnis auf den Grundlagen einzugehen, welche mit einem baldigst zu berufenden Parlamente zu vereinbaren sein würden"[14]), so legte am 4. August Preußen den acceptierenden Staaten[15]) den Entwurf eines „Bündnisvertrages" vor, und am 18. August 1866 schlossen 16 norddeutsche Staaten diesen Bündnisvertrag ab[16]). Drei Tage später folgten **beide Mecklenburg** (21. August), in deren Vertrag mit Preußen zum erstenmal eine Schwierigkeit des Verfassungswerks berührt wird, die später eine kaum vermutliche Größe angenommen hat: die Gebundenheit der am Vereinbarungswerke sich beteiligenden Regierungen ihren Ständen gegenüber[17]).

Diesem Bündnisvertrage schlossen sich an in ihren Friedensverträgen mit Preußen: **Hessen-Darmstadt** für seine nördlich

---

einer aus allen Teilen Deutschlands gewählten Versammlung zu finden. Wollten dagegen die Regierungen einer solchen Versammlung allein die Initiative bezüglich der Rekonstruktion der Bundesverfassung überlassen, wie dies im Jahre 1848 geschah, so würden dieselben Gefahren der Nichtachtung des in deutscher Eigentümlichkeit wirklich Begründeten wieder erwachen und damit auch die Hoffnungen des deutschen Volkes einer neuen Täuschung entgegengeführt werden. Nur durch Zusammenwirken beider Faktoren kann daher nach der festen Überzeugung der Königlichen Regierung das Ziel erreicht werden, daß auf dem Grunde und innerhalb des Rahmens des alten Bundes eine neue lebensfähige Schöpfung erstehe." Man sehe auch den so motivierten Antrag beim Bunde bei Hahn S. 64.

[14]) Worte aus der Preuß. Note vom 4. August. Staatsarchiv X Nr. 2378, auch bei Hahn S. 462.
[15]) Nur Sachsen-Meiningen und Reuß ä. L. hatten abgelehnt.
[16]) Den Text desselben f. Note 19 unten.
[17]) S. unten Note 20.

des Maines liegenden Gebietsteile (Vertrag vom 3. September 1866, A. 14), Reuß ä. L. (Vertrag vom 26. September 1866, A. 1), Sachsen-Meiningen (Vertrag vom 8. Oktober 1866, A. 1), das Königreich Sachsen (Vertrag vom 21. Oktober 1866, A. 2). Danach umfaßte er alle norddeutschen Staaten[18]).

§ 3.

II. Der Bündnisvertrag vom 18. August 1866[19, 20]).

Der kurze Vertrag vom 18. August 1866[21]) steht einzig da durch die Großartigkeit seines Zieles, die klare Zeichnung des

---

[18]) Das Verhältnis der norddeutschen Regierungen zu diesem Vertrage war juristisch nicht ganz das gleiche. Von den sechzehn Unterzeichnern des Vertrags vom 18. August hatte Preußen gemäß Art. 48 seiner Verfassung den Vertrag nicht den Kammern behufs Einholung ihrer Zustimmung vorzulegen. Bezüglich des Restes gelingt es mir selbst mit dem trefflichen Material des Reichsgerichts nicht, durchweg festzustellen, ob zum Abschluß des Bündnisses die ständische Genehmigung eingeholt worden ist. Es ist jedenfalls geschehen in Weimar, Braunschweig, Oldenburg (hier erfolgte die Zustimmung nachträglich), Sachsen-Altenburg (wohl ebenso), Anhalt, beiden Schwarzburg, Reuß j. L., Lippe, den drei Hansestädten. — In beiden Mecklenburg erfolgte die ständische Zustimmung zu A. 2 u. 5 nachträglich. S. Staatsarchiv XI Nr. 2414, 2415, 2418—2429. Sachsen, Hessen, Meiningen und Reuß ä. L. traten in ihren Friedensverträgen dem Verfassungsbündnis bei: für sie kam eine Befragung der Stände rechtlich nicht in Betracht.

[19]) Wortlaut des Vertrags:

Art. 1. Die Regierungen von Preußen, Sachsen-Weimar, Oldenburg, Braunschweig, Sachsen-Altenburg, Sachsen-Coburg-Gotha, Anhalt, Schwarzburg-Sondershausen, Schwarzburg-Rudolstadt, Waldeck, Reuß jüngere Linie, Schaumburg-Lippe, Lippe, Lübeck, Bremen, Hamburg schließen ein Offensiv- und Defensivbündnis zur Erhaltung der Unabhängigkeit und Integrität, sowie der inneren und äußeren Sicherheit ihrer Staaten und treten sofort zur gemeinschaftlichen Verteidigung ihres Besitzstandes ein, welchen sie sich gegenseitig durch dieses Bündnis garantieren.

Art. 2. Die Zwecke des Bündnisses sollen definitiv durch eine Bundesverfassung auf der Basis der preußischen Grundzüge vom 10. Juni 1866 sichergestellt werden, unter Mitwirkung eines gemeinschaftlich zu berufenden Parlaments.

graben Weges nach der Höhe, die Garantie des Erfolges nicht mittels der Dauer, sondern der voll beabsichtigten Kurzlebigkeit des Bündnisses. Abgeschlossen zwischen souveränen Staaten, bestimmt dieselben einander zu verpflichten, trägt er rein den Charakter des völkerrechtlichen Vertrags.

I. Das Bündnis endet spätestens nach Ablauf eines Jahres, um entweder dem „neuen Bundesverhältnisse" oder aber dem vertragslosen Nebeneinander seiner Glieder Platz zu machen. In letz-

---

Art. 3. Alle zwischen den Verbündeten bestehenden Verträge und Übereinkünfte bleiben in Kraft, soweit sie nicht durch gegenwärtiges Bündnis ausdrücklich modifiziert werden.

Art. 4. Die Truppen der Verbündeten stehen unter dem Oberbefehl Seiner Majestät des Königs von Preußen. Die Leistungen während des Krieges werden durch besondere Verabredungen geregelt.

Art. 5. Die verbündeten Regierungen werden gleichzeitig mit Preußen die auf Grund des Reichswahlgesetzes vom 12. April 1849 vorzunehmenden Wahlen der Abgeordneten zum Parlament anordnen und Letzteres gemeinschaftlich mit Preußen einberufen. Zugleich werden sie Bevollmächtigte nach Berlin senden, um nach Maßgabe der Grundzüge vom 10. Juni d. J. den Bundesverfassungsentwurf festzustellen, welcher dem Parlament zur Beratung und Vereinbarung vorgelegt werden soll.

Art. 6. Die Dauer des Bündnisses ist bis zum Abschluß des neuen Bundesverhältnisses, eventuell auf ein Jahr festgesetzt, wenn der neue Bund nicht vor Ablauf eines Jahres geschlossen sein soll.

Art. 7 (betrifft die Ratifikation).

So geschehn, Berlin, 18. August 1866.

[20]) Der Mecklenburgische Vertrag enthält als Art. 6 folgende Sonderbestimmung:

„Da die Regierungen ... nach der in beiden Großherzogtümern bestehenden Verfassung einen Teil derjenigen Gegenstände, welche der Bündnisvertrag dem Parlamente zuweist, nicht ohne Zustimmung ihrer Landstände im Wege der Gesetzgebung ordnen und daher in diesen Beziehungen positive Vertragspflichten anderen Staaten gegenüber nicht ohne weiteres übernehmen können, so müssen die Großherzoglichen Regierungen ... bei der Unterzeichnung dieses Bündnisvertrags ihre weitere definitive Erklärung zur Zeit noch vorbehalten, jedoch nur in Bezug auf Art. 2 und 5. Preußen wünscht, den obigen Vorbehalt ..... baldmöglichst erledigt zu sehen, und beide Mecklenburg versprechen, die Erledigung sofort einzuleiten und thunlichst zu beschleunigen."

[21]) Wird er später citiert, so umfaßt das Citat alle Ergänzungsverträge.

terem Falle verloren die Staaten die für sie so wichtige Garantie Preußens für ihre Unabhängigkeit, Integrität, äußere wie innere Sicherheit. Bestimmt ist es dem neu zu gründenden Staate zu weichen: bestimmungsgemäß endet es mit dem Abschluß des neuen Bundesverhältnisses, „also durch Erfüllung" des Vertrags [22]).

II. Seinem Inhalte nach [23]) schafft der Vertrag:

1. Eine Offensiv= und Defensivallianz, und stellt sämtliche Truppen der Alliierten für die Zeit des Vertrags unter preußischen Oberbefehl.

2. Die sich vertragenden Staaten erklären ihr Einverständnis, daß

a. an Stelle des völkerrechtlichen Bündnisses ein neues Bundes= verhältnis nicht völkerrechtlicher Art trete [24]);

b. daß die Zwecke dieses neuen Bundes definitiv durch eine Bundesverfassung sichergestellt werden;

c. daß der Entwurf derselben auf der Basis der preußischen Grundzüge vom 10. Juni 1866 errichtet und daß

d. die Verfassung selbst zwischen den Regierungen und einem Parlamente vereinbart werde.

3. Sie verpflichten sich aber auch zu dem Ende das Ihre zu thun, und zwar:

a. Bevollmächtigte nach Berlin zu senden, um nach Maßgabe der Grundzüge vom 10. Juni 1866 den Bundesverfassungsentwurf festzustellen;

b. gleichzeitig mit Preußen die Wahlen zum Parlamente an= zuordnen;

---

[22]) So richtig Laband I S. 17.

[23]) Es gehören einerseits A. 1 und 4, andrerseits A. 2 und 5 zusammen. A. 6 bezieht sich auf alle gleichmäßig. A. 3 bleibt hier außer Betracht.

[24]) Gut Haenel, Studien I S. 70: „In scharfer Gegenüberstellung wird das gegenwärtige „Bündnis" und die in Aussicht genommene „Bundesverfassung", der „vorstehende Bündnisvertrag" und das „neue Bundesverhältnis", der „neue Bund" unterschieden". Daß der neue Bund kein völkerrechtlicher sein soll, be= weisen die Grundzüge, die ihm u. a. Gesetzgebung zulegen.

c. dies auf Grund des Reichswahlgesetzes vom 12. April 1849 zu thun;

d. das Parlament gemeinschaftlich mit Preußen einzuberufen;

e. die Anordnung der Wahlen und die Sendung der Bevollmächtigten zugleich vorzunehmen, damit die Beratung der Bevollmächtigten durch die sichere Aussicht auf das Zusammentreten des Parlamentes wohlthätig beschleunigt werde[25]);

f. den Bundesverfassungsentwurf „dem Parlament zur Beratung und Vereinbarung vorzulegen".

4. Sie verpflichten sich endlich alle ohne Ausnahme in den Bund der vereinbarten Verfassung einzutreten und keinem der Staaten den Eintritt zu sperren[26]).

III. Nennt man ungenau den auf das vorzunehmende Verfassungswerk bezüglichen Teil den völkerrechtlichen „Vorvertrag" der norddeutschen Bundesverfassung, so ist für diesen charakteristisch:

1. Zweifellos sind alle Vertragschließenden willens, streng auf dem Wege Rechtens, nicht auf dem einer Revolution oder eines Rechtsbruchs im Kleinen bei dem Ziele der Errichtung des norddeutschen Nationalstaates anzulangen. Dafür zeugt auch das Gewicht, das gelegt wird auf die Einigkeit aller norddeutschen Staaten unter einander und auf die Einmütigkeit zwischen ihnen und dem ganzen norddeutschen Volke[26a]).

2. Alle sind einig in einer ganz bestimmten Rechtsauffassung über den einzuschlagenden Weg, sowol negativ in der Verneinung der Mitwirkung bestimmter Potenzen, als auch positiv in der Feststellung der berufenen Subjekte der Vereinbarung. Ob diese Auffassung richtig war, also der Vollzug des Bündnisses genau in der vorgeschriebenen Weise erfolgen konnte, oder ob der vorgezeichnete Weg

---

[25]) Es kam dies nicht ganz wörtlich zur Ausführung.

[26]) Mejer, Einleitung S. 302, nennt diesen Vertrag einen Unterwerfungsvertrag unter Preußen. Das ist juristisch gänzlich unrichtig und politisch stark übertrieben.

[26a]) Dafür zeugt ferner die häufige Einholung ständischer Genehmigung zum Abschlusse des Vertrags. S. oben S. 11 N. 18.

in störenden Konflikt mit dem Landesstaatsrecht führen und deshalb gemäß dem Abscheu aller Paciscenten vor dem Rechtsbruch verlassen werden mußte, stehe einstweilen dahin.

3. Diese einmütige Rechtsauffassung ging nun negativ dahin, alle Regierungen könnten vorbehaltlos die vorgesehenen Schritte als von ihnen auf eigene Faust vorzunehmende versprechen. Weder für das Wahlwerk, noch für das Verfassungswerk ist die Mitwirkung der Stände ausdrücklich in Aussicht genommen: ja, man wird weiter gehen und behaupten müssen, daß sie für beide durch den Wortlaut des Vertrages verneint ist.

Nach Art. 5 verpflichten sich die Regierungen, auf Grund des Reichswahlgesetzes vom 12. April 1849 die Wahlen zum Parlament gleichzeitig mit Preußen anzuordnen: also nicht auf Grund einzelstaatlicher Wahlgesetze, mochten sie sich auch noch so eng an das Reichswahlgesetz anschließen, also ohne Mitwirkung der Landstände. Jede Anordnung der Wahlen auf Grund Landesrechts war vertragswidrig und berechtigte alle anderen Teilnehmer zum Rücktritt. Deshalb bedurften die Regierungen auch keines Vorbehaltes bezüglich der Gleichzeitigkeit der Wahlanordnung. Sie glaubten sich unabhängig von den Ständen, deshalb nicht genötigt auf deren Zustimmung zu warten, deshalb jederzeit in der Lage die Wahlen auszuschreiben.

Nach Art. 2 aber sollen „die Zwecke des Bündnisses definitiv durch eine Bundesverfassung ... sichergestellt werden, unter Mitwirkung eines gemeinschaftlich zu berufenden Parlaments". Es lassen sich diese Worte nur dahin deuten, daß die endgültige Feststellung der Verfassung durch Regierungen und Parlament allein zu geschehen habe[27].

Für diesen Sinn des Bündnisses stimmen auch alle anderen bekannt gewordenen Beweismittel. Insbesondere steht die Auffassung des führenden Staates Preußen außer Zweifel.

---

[27] Haenel I S. 72 hält den Wortlaut für zweifelhaft. Ich kann dem nicht beipflichten.

Sie erhellt zunächst aus Preußens Wunsch gegenüber dem Vorbehalte der beiden Mecklenburg in ihrem Vertrage mit Preußen vom 21. August 1866. Preußen betrachtet diesen Vorbehalt als einen anomalen, vor dem Beitritt zu beseitigenden.

Ferner lehnte in den Verhandlungen des preußischen Abgeordnetenhauses vom 11. und 12. September 1866[28]) der über die Haltung des Hauses mit Recht schmerzlich erstaunte Ministerpräsident gegenüber dem Hause, das dem Reichstage nur eine beratende Stimme einräumen wollte, „von der Königlichen Regierung die Verantwortlichkeit für die Zögerungen und Schwierigkeiten, die aus dieser Einschränkung des Mandates des Reichstages hervorgehen könnten", ausdrücklich ab[29]). In der Sitzung vom 12. September machte v. Bismarck nochmals den Versuch das Recht definitiver Vereinbarung der Verfassung durch Regierungen und Reichstag dem kleinlich denkenden Hause annehmbar zu machen: „Sie würden in diesem Parlamente ... etwa 238—240 preußische Abgeordnete auf eine Gesamtzahl von zweihundert und einigen neunzigen haben, also eine sehr starke geborene preußische Majorität, der Sie sehr wohl das Vertrauen schenken können, daß sie die Rechte des Volkes ihrerseits wahren werde"[30]).

In der zweiten sächsischen Kammer sprach am 29. November 1866 der Minister von Nostitz-Wallwitz sein Bedauern aus über die Fassung des § 1 des Wahlgesetzes, wie sie dem preußischen Abgeordnetenhaus zu danken war. Ja, diese Verhandlungen gaben erfreuliches Zeugnis dafür, wie die sächsische Kammer selbst, also die Landesvertretung des neben Preußen mächtigsten aller norddeutschen Staaten, ganz einmütig die beanspruchte Mitwirkung der Landstände beim Verfassungswerk als ungehörig, ja unbegreiflich betrachtete. Es war also die Kammer über den Sinn des Verfassungsbündnisses nicht einen Augenblick im Zweifel[31]).

---

[28]) Stenogr. Berichte 1866 I S. 277—341.
[29]) A. a. O. S. 308.
[30]) A. a. O. S. 321.
[31]) S. Mitteilungen über die Verhandl. des sächs. Landtages 1866/67 I S. 75 ff.

Aus dieser Auffassung erhellt, daß die Pariscenten übereinstimmend, auch Mecklenburg eingeschlossen, nur zwei Subjekte der Vereinbarung anerkennen: die Regierungen und das norddeutsche Volk organisiert zum Parlamente.

Die vorgesehene Anordnung der Wahlen auf Grund des Reichswahlgesetzes vom 12. April 1849, welches direktes allgemeines Wahlrecht erteilt, zeigt, welches Gewicht auf das Zustandekommen einer echten Volksvertretung gelegt wird. Nicht nach Ständen oder Klassen, noch nach einem Census soll gewählt werden.

4. Die Rechtsstellung der vereinbarenden Faktoren war aber so gedacht:

a. Das Parlament steht den Regierungen gleichberechtigt gegenüber. Dies ergiebt der Begriff der Vereinbarung. Sein Nein bringt das Verfassungswerk zum Scheitern, natürlich das Nein des Parlaments, also seiner Majorität, nicht das eines einzelnen Mitgliedes. Es war dies den im Bündnisvertrag begriffenen Regierungen so gegenwärtig, daß gemäß dem ersten Protokolle der Bevollmächtigten-Konferenz, datiert Berlin den 18. Januar 1867, der Krone Preußen nicht nur die Berufung, Eröffnung, Vertagung, Schließung des Reichstages, sondern auch das Recht zu dessen Auflösung — offenbar mit der Rechtsfolge einer Neuwahl — von den Verbündeten übertragen ward[32]).

b. Die Regierungen aber bilden ihm gegenüber kein Kollegium, sondern stehen da als zweiundzwanzig einander prinzipiell gleichberechtigte singuli. Sie handeln vor der Vereinbarung nicht mit gesamter Hand, sondern jede für sich. Die Anwendung des Majoritäts-Prinzips ergiebt sich als auf sie unanwendbar, so lange sie sich ihm nicht ausdrücklich unterwarfen, was unseres Wissens nicht geschehen ist.

Über die Folgen nicht ihres einmütigen, sondern eines vereinzelten Nein hat der Vertrag wohlweislich geschwiegen. Man wird zu unterscheiden haben. Hätte einer der Staaten bei den Beratungen

---

[32]) S. Hahn a. a. O. S. 486. Treffend Haenel I S. 74.

des Entwurfes in der Schlußsitzung der Konferenz erklärt, er weigere die Annahme, so würden die in diesem Staate eventuell schon gewählten Abgeordneten im Parlamente keinen Sitz erhalten haben, und die Vorlage an dasselbe würde nur im Namen der übrigen Staaten erfolgt sein. Hätte aber ein Staat den durch das Parlament festgestellten Entwurf abgelehnt, so würde die „Vereinbarung" ihn nicht mitumfaßt haben, und er wäre in den Bundesstaat nicht eingetreten.

Also nur einmütiges Nein sämtlicher Regierungen übte dieselbe Rechtswirkung wie das Nein der Majorität des Reichstages: das eine wie das andere hintertrieb den zu gründenden Bundesstaat. Nahm aber das Parlament den Entwurf an, und ein Teil der Regierungen den Parlamentsentwurf, so kam der Bundesstaat in verkleinertem Maßstab zustande. Nur das Nein Preußens — der Präsidialmacht — ließ ihn völlig scheitern.

III. Durchführung und Nichtdurchführung des Bündnisvertrages.

§ 4. 1. Einleitung.

Mit Anbruch des 1. Juli 1867 hat der Vertrag vom 18. August seiner Bestimmung gemäß das Ende erreicht. Er war erfüllt, damit gegenstandslos geworden. Aber die Bedeutung des großen Ereignisses vom 1. Juli verkennt, wer diese erschöpft sieht in dem Akte der 22 norddeutschen Regierungen[33]).

Die Gründung eines neuen Staates, der sofort Verfassungsstaat sein soll, verläuft naturgemäß in zwei Stadien: der Errichtung der Verfassung und ihrem Inkraftsetzen, d. i. ihrer Ausführung. Beide Akte liegen 1867 über zwei Monate auseinander:

---

[33]) So besonders Laband I S. 31 ff. Sehr richtig betont aber Laband, daß Staatengründungen Thaten sind und nicht Aufstellungen von Rechtsregeln.

der erste fällt auf den 17. (nicht 16.) April, der letzte auf den 1. Juli³⁴). Schon die Projektion der Gestalt des künftigen Staates und seines Organismus auf dem Papier der Verfassungsurkunde ist nicht lediglich die unerläßliche Vorbereitungshandlung: denn sie schafft das Recht des neuen Staates, also einen Teil desselben, und regelt zugleich die Art der Mitwirkung der Staatsschöpfer an dem neuen Schöpfungsakt. Bei Errichtung wie Ausführung waren im Jahr 1867 beteiligt die norddeutschen Regierungen und das norddeutsche Volk: die Vereinbarung der Verfassung geschah von ihnen in der Absicht, von einem bestimmten Tage an sich gemeinsam unter das Gesetz ihres gemeinsamen Willens zu stellen. Durch die Vereinbarung verpflichteten sich zu diesem Schritte die Regierungen gegenüber dem Volke, das Volk gegenüber den Regierungen: diese beiden Verpflichtungen waren neu, erst durch die Vereinbarung entstanden. Daneben blieben die Verpflichtungen der Regierungen untereinander aus dem Bündnisvertrag vom 18. August 1866 bestehen: nur hatten auch sie durch die Verfassungsvereinbarung einen konkreten Inhalt erlangt. Die Verbündeten konnten jetzt von einander fordern an dem festgesetzten Tage zusammenzuwirken zum Lebendigwerden der vereinbarten Verfassung, oder — wie man sich meist nicht genau ausdrückt — einzutreten am 1. Juli 1867 in den Norddeutschen Bund der vereinbarten Organisation.

Bei diesem Lebendigmachen der Verfassung wirkten in gleicher Weise die Staaten mit ihren Regierungen und das norddeutsche Volk zusammen. Jeder Teil ergriff Besitz von seinen verfassungsmäßigen Rechten und Pflichten und begann in Ausführung derselben thätig zu werden zu dem Zeitpunkte, wo die Verfassung dies verlangte. Indem er dies that, erfüllte er — einerlei ob er in die

---

³⁴) Es ist mindestens mißverständlich, wenn Jellinek Staatenverbindungen, S. 265. 266, von der Schöpfung nationaler Staaten sagt: „Der Akt der Staatsschöpfung ist daher hier identisch mit dem Akte der Verfassungsschöpfung." Richtig wird der Satz nur in dem Sinne Jellineks, wonach Verfassungsschöpfung identisch ist mit Herstellung der Verfassung plus Herstellung der verfassungsmäßigen Zustände.

Präsidialstellung oder den Mitbesitz der neubegründeten Staatsgewalt oder in die Unterthanenstellung eintrat — zugleich eine Verpflichtung gegen jeden andern Teil. Und so bedeutet die gemeinsame That der Regierungen und des Volkes nach der Seite der Vergangenheit gewendet die Erfüllung und somit das Ende derjenigen Rechtsverpflichtungen, die ihnen gegeneinander aus dem Vereinbarungswerke für den Gründungsakt erwachsen waren. Daß daneben auch kraft ihrer Erfüllung untergingen die völkerrechtlichen Verpflichtungen der Regierungen gegeneinander aus dem Verfassungsbündnis vom 18. August 1866 und dieses selbst aufhörte zu sein, ist gewiß juristisch nicht gleichgültig, aber eine Thatsache zweiter Bedeutung.

Die richtige Erkenntnis dieses Schlußaktes als gemeinsamer That der bei Schöpfung des Norddeutschen Bundes gleich berechtigten Miturheber ist präjudiziell für die richtige Beurteilung der einzelnen ihn vorbereitenden Akte.

Von dem durch den Vertrag vom 18. August 1866 geplanten Gange des Verfassungswerkes weicht nun der wirkliche Verlauf dadurch ab, daß zweimal Faktoren zur Mitwirkung berufen werden, auf die nicht gerechnet war (f. § 5 und § 11 unten), daß andererseits die zur Vereinbarung berufenen Mächte in zwei wichtigen Punkten sich einer Unterlassung schuldig gemacht haben (f. § 9 und § 10 unten). Diese beiden Unterlassungen stehen mit jenen beiden unvorgesehenen Handlungen außer ursächlichem Zusammenhange, sie gewinnen aber auf den Inhalt der zweiten Handlung unverkennbaren Einfluß.

§ 5.

2. Der Ersatz des einen Reichswahlgesetzes vom 12. April 1849 durch 22 sonderrechtliche Wahlgesetze.

I. Es ist eine große Gunst der Geschichte gewesen, daß sie dem deutschen Verfassungswerke in dem Wahlgesetze von 1849 eine gegebene Grundlage für die Konstituierung des Volkes zum Reichstag entgegengebracht hat. Nur infolge dieses Geschenkes ist es möglich geworden, prinzipiell allein richtig, das norddeutsche Volk als Ganzes den Regierungen als Mitträger der verfassunggebenden Gewalt gegenüberzustellen: die Amerikaner mußten sich 1787/1788 mit einer Mitwirkung der einzelnen Staatenbevölkerungen genügen lassen.

Es verstand sich von selbst: jenes Gesetz hatte als solches seine Kraft längst verloren. Doch ist dies für den Gründungsvorgang ganz gleichgültig. Des Gesetzes eminenter Wert lag vielmehr darin, daß es — entstanden in einer Zeit des großen Glaubens des Volkes an sich selbst — den Ausdruck der damaligen Rechtsüberzeugung des ganzen deutschen Volkes von den Anforderungen an eine echt volkstümliche Wahl enthielt, daß demgemäß das norddeutsche Volk, wenn die Regierungen es auf Grund jenes Gesetzes zur Wahl riefen, kaum daran denken konnte, dem Rufe den Einwand eines die Stellung und Bedeutung des Volkes verkennenden und verkümmernden Wahlvorschlages entgegenzuhalten. Selbst die Gegner direkter und allgemeiner Wahlen mußten geneigt sein für den konstituierenden Reichstag dieser Wahlart als derjenigen der relativ weitesten Anerkennung ihre Zustimmung zu erteilen. Kam es doch auf diese allgemeine Anerkennung allein an.

II. Dieses Wahlgesetz, das jedem Deutschen das Wahlrecht gab[35]), bedurfte allerdings notwendig einiger fast selbstverständlicher Abänderungen, worüber die Regierungen sich leicht verständigen konnten. An Stelle des „Deutschen" in den §§ 1 und 5 hatte der „Norddeutsche", d. i. der Angehörige eines der Staaten des Verfassungsbündnisses[36]), an Stelle der Reichsregierung, in § 16 die preußische Regierung zu treten[37]). An Stelle des § 9, 2[37]) wäre zweckmäßig

---

[35]) S. dasselbe bei Weil, Aktenstücke, S. 152 ff.

[36]) Vgl. die zutreffende Bestimmung in der Oldenburg. Verordn. betr. die Wahlen für den Reichstag des Nordd. Bundes v. 4. Dezember 1866 § 8 (bei Glaser, Archiv I Heft II S. 48), und im Coburg-Gothaischen Wahlgesetz v. 11. Dezember 1866 § 2.

[37]) Wonach die Staaten mit unter 50,000 Einwohnern mit andern Staaten zur Bildung von Wahlkreisen zusammengelegt werden sollen.

der Satz getreten, daß in jedem Staate mindestens ein Abgeordneter zu wählen sei. Darüber, daß die Soldaten unter der Fahne nicht aktiv wahlberechtigt sein sollten, also über Wegfall des § 11 Abs. 2, herrschte wohl allgemeines Einverständnis. Alles andere konnte bleiben, wenn nicht vielleicht auch über die Reduktion der im Falle der Stimmengleichheit möglichen drei Wahlgänge des § 14 auf zwei sofortige Einigung erzielt wurde. Recht nötig war eine Verständigung über die Stellung der Hessen bei der Wahl[38].

III. Nun sollte das Parlament nicht, wie auch möglich gewesen wäre, aus sog. Vertretern der einzelnen norddeutschen Staatsvölker, sondern aus dem norddeutschen Volke als solchem bestehen. Darüber, ob sich dies Volk als Ganzes zum Parlamente konstituieren und die Wahlen zu demselben vornehmen wollte, stand allein ihm, nicht aber den Preußen oder Oldenburgern die Entscheidung zu. Es lag eben jene Wahl außerhalb der Grenzen des einzelstaatlichen Lebens. Sie konnte den Rechten der Stände nicht präjudizieren, sie bedurfte aber zu ihrer Gültigkeit u. E. keiner ständischen Genehmigung. Hätte eine Kammer ihre Mitwirkung zur Aufstellung eines Wahlgesetzes verweigert und die Regierung die Wahlen dennoch erfolgreich ausgeschrieben, so würden die Gewählten im Reichstage ganz zweifellos als legitimiert zu betrachten gewesen sein. Denn ihre Legitimation sollte allein in ihrer Mitgliedschaft zum norddeutschen Volke und ihrer Wahl nach dem Wahlgesetz vom 12. April 1849 wurzeln[39]. Hatten übrigens die Stände den Beitritt ihrer Regierung zum Verfassungsbündnis genehmigt[40], so hatten sie sich ja mit der Ausschreibung der Wahlen auf Grund des Wahlgesetzes von 1849 einverstanden erklärt, und die Regierung konnte ohne

---

[38] Reuß j. L. Ministerialbekanntmachung v. 26. Nov. 1866 (bei Glaser I Heft II S. 82) § 2 versagte ihnen aktive und passive Wahlfähigkeit, was zu weit ging.

[39] Ich halte für ganz falsch, wenn Zorn I S. 18 behauptet, daß das Wahlgesetz als „Staatsgesetz" erst in jedem einzelnen Staate hätte verkündet werden müssen, wie denn Zorn aus dem Gesetzlichkeitsfehler gar nicht herauskommt.

[40] S. oben S. 11 N. 18.

jedes Bedenken die Wahl durch Verordnung ausschreiben. Dazu verpflichtet dies zu thun waren vier Staaten durch die Berliner Friedensverträge mit Preußen.

IV. Diese Verordnungen konnten lediglich Ausführungsverordnungen zum Reichswahlgesetze sein [41]). Wären diese allerwärts ergangen, so würden aller Wahrscheinlichkeit nach die Wahlen überall ordnungsmäßig vollzogen sein. Glaubte aber eine Regierung — sei es aus konstitutionellen, sei es aus Opportunitäts-Rücksichten um den Wahlen die Anerkennung ihrer Bevölkerung sicherer zu verschaffen — doch den Weg des Erlasses von Wahlgesetzen betreten zu sollen, so durften auch diese das Wahlgesetz vom 12. April 1848 nicht ersetzen wollen: denn sonst stellten sie nicht nur die Ausführung des Verfassungsbündnisses, sondern auch die Legitimation der Gewählten in Frage, und mußten, wie alsbald erhellen wird, einen für Landesgesetze unmöglichen Inhalt bekommen. Sie mußten sich vielmehr unter ausdrücklicher Anerkennung des Reichswahlgesetzes als Ausführungsgesetze desselben geben. Der Erlaß solcher Ausführungsgesetze hatte, von allen Einzelheiten abgesehen, juristisch die nicht geringe Bedeutung, daß die norddeutschen Staatsvölker vor der Wahl dieselbe als rechtsgültig anerkannten.

---

[41]) Auf diesem Standpunkte stehen 1. die Oldenburgische Verordnung v. 11. Dezember 1866, die Bezug nimmt auf die Zustimmung des Landtags zur Abkunft mit Preußen; 2. die Verordnung von Reuß ä. L. v. 1. Dez. 1866, die das Wahlgesetz von 1849 als Anlage abdrucken läßt, und ergeht „unter Verweisung darauf und im Anschlusse daran"; 3. die Ministerialbekanntmachung von Reuß j. L. v. 26. Nov. 1866, die in § 1 Bezug nimmt auf die unter Zustimmung des Landtags mit Preußen abgeschlossene Übereinkunft (s. Glaser I Heft II S. 47 ff. 76 ff. 82). — Hessen beschritt zwar auf Grund des A. 73 seiner Verfassung den Weg der Notverordnung (s. Verordnung v. 18. Dezember 1866, bei Glaser a. a. O. S. 25). Allein dieselbe giebt sich als das Reichsgesetz vertretende, nicht als es ausführende Verordnung. — Die Mecklenburgischen „Verordnungen" vom 28. Nov. 1866 tragen denselben Charakter, sind aber ergangen nach „stattgehabter Beratung mit Unseren getreuen Ständen". — Die Altenburg. „Verordnung" v. 26. Nov. 1866 erging mit „im voraus erteilter Zustimmung getreuer Landschaft". Die Anhaltische vom 29. Okt. 1866 und sicher auch das Lippe-Schaum-

Allein so weitgehende Selbstbeschränkung ward nur in einem einzigen Staate geübt[42]); alle anderen ergangenen Wahlgesetze wollen zu Unrecht an Stelle des Reichsgesetzes treten.

V. In eigentümlicher Zwangslage befand sich von allen Staaten des Bündnisses nur Preußen. Dort warf der Verfassungskonflikt noch seine tiefen Schatten über den Anfang einer neuen Zeit. Preußen hatte den Vertrag vom 18. August, wie es durchaus berechtigt war, ohne Zustimmung der Stände abgeschlossen. Es beabsichtigte auch die zustande gekommene Verfassung denselben nicht zur Genehmigung vorzulegen. Die Stände ganz umgehen zu wollen konnte das ganze Verfassungswerk in Frage stellen. Die Regierung war also politisch genötigt, entweder den Vertrag den Ständen zur Genehmigung vorzulegen — und das konnte sie in ihrer Führerrolle nicht —, oder den Wahlen zum Reichstage und damit dem ganzen Verfassungswerk die Anerkennung ihres Landtags zu verschaffen. Sie war zum Gesetzlichkeitsfehler gezwungen, aber sie hat ihn viel ausgiebiger begangen als nötig gewesen. Daß die weitaus meisten norddeutschen Staaten ihn nachmachten, geschah aber ohne jeden zwingenden politischen Grund: sie thaten das Unnötige freiwillig.

---

burgische „Wahlgesetz" v. 29. Okt. 1866 (bei Glaser a. a. O. S. 63 u. 85), welches keinen Bezug auf die Zustimmung der Stände nimmt, haben denselben Sinn. Alle diese Verordnungen außer den drei erstgenannten sind aber keine Ausführungsverordnungen.

[42]) Im Coburg-Gothaischen Wahlgesetz vom 11. Dez. 1866 (bei Glaser I Heft II S. 52 ff.) § 1: „Die Wahl erfolgt nach den Bestimmungen des Reichsgesetzes vom 12. April 1849 ... unter folgenden Änderungen und näheren Bestimmungen." — Nur scheinbar thut das Gleiche die Einleitung zu dem Weimarischen Wahlgesetz vom 21. Nov. 1866 (bei Glaser I Heft II S. 49). Aber es knüpfte wenigstens an den Bündnisvertrag an, in dessen Ausführung es ergeht. Ähnlich die Altenburg. Verordnung v. 26. Nov. 1866 (Glaser I Heft II S. 57 ff.); die Verordnung von Bremen v. 7. Nov. 1866 (das. S. 94) und die von Lübeck vom 9. Oktober 1866 (das. S. 96 ff.). Das Lippesche Wahlgesetz v. 7. Nov. 1866 (das. S. 87) bezeichnet wenigstens im Eingange seine Bestimmungen als „jenem Reichswahlgesetze entsprechende".

Um das alte Mißtrauen nicht wieder zu hellem Brande aufflammen zu lassen, legte die Regierung — und zwar nicht durch den Grafen v. Bismarck, sondern durch den Minister des Innern, Graf zu Eulenburg — schon in der Sitzung vom 13. August 1866 „um für die Wahl (zum Parlamente) in Preußen eine gesetzmäßige Grundlage zu gewinnen" dem Hause der Abgeordneten das „Wahlgesetz zum Reichstag des Norddeutschen Bundes" vor [43]), welcher Entwurf „sich mit ganz geringen Ausnahmen dem Reichswahlgesetz vom 12. April 1849 anschließt" [44]). Dieser Entwurf will nun nicht Entwurf eines Ausführungsgesetzes zum Reichsgesetz, sondern Entwurf eines preußischen Gesetzes sein und verläßt den Standpunkt des Reichswahlgesetzes an der wichtigsten Stelle: nicht der Norddeutsche, sondern nur der Preuße soll aktive und passive Wahlfähigkeit besitzen. Der Gesetzlichkeitsfehler bringt die führende Regierung in einer Prinzipienfrage zum Schwanken. Soll das norddeutsche Volk, oder sollen die einzelnen Staatsvölkerschaften den Reichstag besenden? Im letzteren Falle erhielt das Parlament eine partikularistische Färbung, eine entfernte Ähnlichkeit mit dem stets abgelehnten Delegierten = Parlamente; jedenfalls gingen dann alle Norddeutschen, die nicht in ihrem Heimatsstaate saßen, ihres Wahlrechtes verlustig. Der eingebrachte Entwurf wurde an eine besondere Kommission von 21 Mitgliedern verwiesen [45]), in deren Namen der Abgeordnete Twesten schriftlich Bericht erstattete [46]).

Was aber dem preußischen Landtage recht war, erschien leider

---

[43]) Stenogr. Berichte über die Verhandlungen der durch Verordnung vom 28. Juli 1866 einberufenen beiden Häuser des Landtags. Haus der Abgeordneten I S. 48.

[44]) Den Entwurf des Wahlgesetzes f. Aktenstücke Nr. 10, Anlagen I S. 22, 23. Auch bei Hahn, S. 465.

[45]) Stenogr. Ber. S. 49.

[46]) Drucksachen Nr. 10. Die Verhandlungen über den Gesetzentwurf fanden statt in den Sitzungen des Abgeordnetenhauses vom 11. und 12. Septbr. 1866 (Stenogr. Ber. I S. 277—340) und in der des Herrenhauses vom 17. Septbr. 1866 (Stenogr. Ber. Herrenhaus. I S. 94 ff.) Recht interessant ist der Bericht der Kommission des Herrenhauses (Anlage Nr. 17; Stenogr. Ber. II S. 135 ff.).

ben übrigen norddeutschen Regierungen ihren Landtagen gegenüber als billig, und ein partikulares Wahlgesetz nach dem andern wurde den norddeutschen Kammern unterbreitet. Durch dies Vorgehen geriet jedoch der Fortgang des Verfassungswerkes in eine zwiefache große Gefahr. Die Landtage konnten durch Stellung unerfüllbarer Bedingungen ihrer Regierung die weitere Mitarbeit am Verfassungswerke unmöglich machen; sie konnten aber auch versuchen durch Überschreitung ihrer Zuständigkeit auf die Bestimmung von dessen Gehalt und Verlauf Einfluß zu gewinnen, und diese Versuchung lag um so näher, als die Aufstellung partikularer Wahlgesetze des beabsichtigten Inhaltes ganz außerhalb der Zuständigkeit der Landesgesetzgebung lag, die Stände somit von den Regierungen förmlich über die Schranken ihrer Kompetenz weggerissen wurden.

VI. Dies zu erkennen genügt ein Blick auf das preußische Wahlgesetz — das Vorbild aller das Reichsgesetz vertretenden Wahlgesetze. Es ist dies Gesetz

1. ein Wahlgesetz nur zum Teil, in diesem Teil aber ebensowenig eine Anwendung der preußischen Staatsgewalt, als in dem andern, der die Stellung des künftigen Reichstags und seiner Glieder zu bestimmen versucht.

Es lautet § 2: „Wähler ist jeder unbescholtene Staatsbürger eines der zum Bunde zusammentretenden deutschen Staaten, welcher das 25. Lebensjahr zurückgelegt hat." § 5 bestimmt entsprechend: „Wählbar zum Abgeordneten ist jeder Wahlberechtigte, der einem zum Bunde gehörigen Staate seit mindestens drei Jahren angehört hat"[47]), und § 6 sagt in größter Allgemeinheit: „Personen, die ein

---

[47]) Alle übrigen Wahlgesetze enthalten die gleichen Bestimmungen. Nur die Verordnungen von Mecklenburg-Schwerin und Mecklenburg-Strelitz vom 28. November 1886 (bei Glaser, Archiv I Heft II S. 30 u. 40) § 2 u. 5 weichen erheblich ab. Denn an Stelle des Staatsbürgers eines der zum Bunde zusammentretenden deutschen Staaten ist der „Mecklenburger" getreten. Und zwar war die Meinung, daß in Schwerin nur ein Mecklenburg-Schweriner, in Strelitz nur ein Strelitzer wählen und gewählt werden könne. S. Wiggers im konstituirenden Reichstag, Sitzung v. 4. März 1867 (Stenogr. Ber. I S. 54). Im Waldeck'schen Wahlgesetz v. 5. Dezember 1866 (bei

öffentliches Amt bekleiden, bedürfen zum Eintritt in den Reichstag keines Urlaubes".

Man kann billig bezweifeln, ob Wahlrechte zu einem das norddeutsche Volk als solches darstellenden Reichstage, zu einem Organe, welches in keine einzelne Staatsorganisation hineingehörte, vielmehr ganz abseiten derselben stand, überhaupt durch Landesgesetz geschaffen werden konnten. Allein gar kein Zweifel ist möglich, daß ein preußisches Landesgesetz den Nichtpreußen Norddeutschlands das Recht zum norddeutschen Reichstag zu wählen und gewählt zu werden nicht einräumen und ebensowenig, wie in § 3 und 4, absprechen konnte [48]). Woher hätte Preußen, woher insbesondere die preußische Kammer d. h. das preußische Volk solche Legitimation schöpfen können?

Wenn aber in Preußen ein oldenburgischer Beamter gewählt wurde, war ein preußisches Gesetz in der Lage ihm zum Eintritt in den Reichstag den Urlaub zu erteilen?

Diese stellvertretenden Wahlgesetze sind also insoweit auch nur erklärbar, wenn sie auf dem Hintergrund des Reichswahlgesetzes gesehen werden. Sie sind Ausführungsgesetze wider Willen. Sie können das Gesetz vom 12. April 1849 gar nicht ersetzen ohne es im Sinne des Partikularismus umzuändern, was sie nicht wollen. Das von ihnen jedenfalls nicht im Umfang ihres Wortlautes zu begründende Wahlrecht erkennen sie nur für die in den einzelnen norddeutschen Landen zu vollziehenden Wahlen an.

2. **Allein diese Gesetze wollen mehr sein als nur Wahlgesetze.** Sie wollen auch die Rechte des Reichstages und seiner Mitglieder regeln; ja, sie versuchen die Aufgabe des Reichstages zu fälschen [49]).

a. Es berührt seltsam, wenn das preußische Wahlgesetz § 16

Glaser I Heft VI S. 89) § 2 ist Wähler „jeder unbescholtene Staatsbürger", aber die ausdehnende Auslegung wird durch § 6 gefordert.

[48]) Daraus erklärt sich die Fassung des Entwurfes, die aber ihrerseits den Grundgedanken des Reichswahlgesetzes verleugnet. S. S. 25.

[49]) Darüber handelt § 6 unten.

bestimmt: „Der Reichstag prüft die Vollmachten seiner Mitglieder und entscheidet über deren Zulassung. Er regelt seine Geschäfts=ordnung und Disciplin" ⁵⁰). Diese überdem nach Lage der Dinge ganz selbstverständliche angebliche Rechtsbestimmung ist einfach nichtig, soweit sie den Reichstag unmittelbar berechtigen will. Sie hat ihre rechtliche Bedeutung allein darin, den loyalen König von Preußen zur Anerkennung der bezeichneten Machtvollkommenheiten des Reichs=tags zu verpflichten, falls der Reichstag sie beansprucht ⁵¹).

b. Etwas anders steht es mit dem Privileg der Unverant=wortlichkeit, das § 17 den Reichstagsabgeordneten erteilt. Der Para=graph dankt der Kommission des Hauses seine Entstehung. Auch er gehört zweifellos, um mit dem Grafen v. Bismarck zu sprechen, „nicht in das Wahlgesetz, sondern in die Verfassung, resp. in die Geschäftsordnung des Parlamentes" ⁵²). In der Allgemeinheit seines Wortlautes ist er auch nicht preußisches Recht geworden. Aber die rechtliche Unverantwortlichkeit sämtlicher Reichstagsabgeordneten gegenüber dem preußischen Staate und seinen Behörden hat er allerdings etabliert. In demselben Maße, als diese Bestimmung Aufnahme in weiteren Wahlgesetzen fand, erweiterte sich das Rechts=gebiet dieser Unverantwortlichkeit ⁵³).

Ein Rückblick auf diese Wahlgesetze zeigt, daß die Landesgesetz=

---

⁵⁰) Die Regierungsvorlage enthielt den Paragraphen nicht. In der Sitzung des Abgeordnetenhauses vom 12. September 1866 (Stenogr. Bericht I S. 316) warnt der Ministerpräsident v. Bismarck davor, „noch tiefer in den .. falschen Weg hineinzugeraten, den einzelne Amendements schon betreten haben: daß wir hier bei Gelegenheit der Beratung des Wahlgesetzes bereits die deutsche Reichs=verfassung in dem preußischen Abgeordnetenhause fertig machen sollten".

⁵¹) Vgl. die Äußerung v. Bismarcks über den § 17 in derselben Sitzung (Stenogr. Ber. I S. 338).

⁵²) Die Äußerung fiel in derselben Sitzung (Stenogr. Ber. I S. 338).

⁵³) Die §§ 16 u. 17 des preußischen Wahlgesetzes finden sich analog im Kgr. Sachsen, in Hessen, Coburg=Gotha, Meiningen, Braunschweig, Anhalt, beiden Schwarzburg, Schaumburg=Lippe. In Hamburg fehlt § 16, steht § 17, freilich etwas modifiziert. Beide §§ fehlen in beiden Mecklenburg, Oldenburg, Weimar, Altenburg, beiden Reuß, Lippe, Waldeck, Bremen und Lübeck.

gebung die Grenzen ihrer Zuständigkeit in den seltensten Fällen gewahrt, und daß insbesondere das preußische Abgeordnetenhaus die widerstrebende preußische Regierung auf diesem Wege vorwärtsgedrängt hat.

§ 6.
3. Die angebliche Umwandlung in der Rechtsstellung des Reichstags.

Die größte That dieser sich überhebenden Wahlgesetze ist aber ihr Attentat wider die in Aussicht genommene Rechtsstellung des einzuberufenden Reichstages. Als sein einziger Urheber muß der preußische Landtag betrachtet werden: keiner sonst hätte ohne das preußische Vorbild diesen Wandel gefordert; eine Anzahl von Kammern hat die an sie herantretende Versuchung ihn zu heischen abgelehnt; andere haben den Anspruch der preußischen Kammer mißbilligt, aber dennoch geglaubt, ihren Gleichwert mit dem Landtage des größten Staates durch Erhebung des gleichen Begehrens wahren zu müssen[54]).

Dadurch nun, daß sowohl in den Landtagen als im konstituierenden Reichstage zwei ganz verschiedene Fragen als identisch behandelt wurden, hat sich über die Tragweite dieser That Unklarheit gebreitet.

Es handelt sich zunächst um die Rechtsstellung des Reichstages, dann aber um das Maß rechtsbrechender Kraft des zwischen diesem und den Regierungen vereinbarten Verfassungswerkes: das sind zwei ganz verschiedene Dinge!

I. Die Rechtsstellung des Reichstages war seine Stellung bei dem zu versuchenden Verfassungswerke. Dieser Versuch sollte gemacht werden zwischen den norddeutschen Regierungen und dem Reichstag allein. Niemand war in der Lage, wider den Willen eines von beiden die Rolle des Mitspielers beim Vereinbarungswerke zu usurpieren. Es hat sie auch niemand usurpiert, nicht einmal der preußische Landtag.

---

[54]) So z. B. die Kgl. Sächsische Kammer. S. oben S. 16.

Kein Landesgesetz besaß die Autorität, das Verhältnis dieser beiden Faktoren zu einander zu bestimmen. Das zwischen diesen zu begründende Rechtsverhältnis war keines, das durch Ausübung partikulärer Staatsgewalt ihrem Volke gegenüber entstehen konnte: es konnte deshalb auch nicht der Regelung durch diese Staatsgewalt unterliegen. Es lag vollständig extra legem. Es konnte seine Regelung nur erhalten durch den übereinstimmenden Willen der Regierungen wie des Reichstages selbst.

Nun hatten sich im Verfassungsbündnisse die sämtlichen norddeutschen Regierungen einander völkerrechtlich verpflichtet, dem zu berufenden Reichstage ihrerseits die Stellung des ebenbürtigen Miturhebers der Verfassung einzuräumen.

Trat der Reichstag zusammen, blieben die Regierungen bei ihrem Vorsatz, nahm der Reichstag die ihm zugedachte Stellung an, so konnte ihn keine Macht der Erde aus einem **vereinbarenden** in einen **beratenden** Reichstag verwandeln, mochten auch alle Wahlen auf Grund von Wahlgesetzen nach dem Muster des preußischen ergangen sein.

II. Von dieser Regelung des Verhältnisses zwischen Reichstag und Regierungen ganz unabhängig steht das Maß rechtsverbindlicher, insbesondere rechtsbrechender Kraft des gelungenen Verfassungswerkes. Handelt es sich dort um die Machtstellung des Reichstags zu den Regierungen, so handelt es sich hier um die Machtstellung der Regierungen und des Reichstages gegenüber den Inhabern widersprechender Rechte. Nach Absicht der Regierungen sollte die zwischen ihnen und dem Parlamente vereinbarte Verfassung die Autorität zwingend gemeinen norddeutschen Rechtes vom Zeitpunkte ihres Abschlusses an erhalten. Dieser weit gehende Anspruch konnte ein Gesetz nicht zum Grunde haben; seinen rechtlichen Erfolg vermochte er nur dadurch zu gewinnen, daß er entweder auf keine vorhandenen Rechte stieß, die wegzuräumen er ja zweifellos ohnmächtig war — die Verfassung wurde dann Grundgesetz des neuen Staates kraft Anerkennung derselben durch alle diejenigen, deren Rechtsbeziehungen sie regeln sollte —, oder aber dadurch, daß die Inhaber derjenigen Rechte, welche durch die neue Verfassung beseitigt oder geändert werden sollten, die überlegene Kraft der neuen Verfassung anerkannten und auf ihre Rechte zu Gunsten des neuen Werkes verzichteten.

Nun stand ja von Anbeginn fest, daß die neue Verfassung, da sie einen Bundesstaat über allen norddeutschen Gemeinwesen schaffen wollte, in starke Kollision mit den zu Recht bestehenden Landesverfassungen geraten mußte. Hätten die Regierungen geglaubt, die vereinbarte neue Verfassung vermöchte aus ihrer Kraft heraus das ihr widersprechende Landesrecht zu brechen — was anzunehmen kein Grund vorliegt —, so hätten sie geirrt.

Sie nahmen aber offenbar an, dem Werke erwachse die ihm nötige Autorität dadurch, daß angesichts der Einmütigkeit aller Inhaber der norddeutschen Staatengewalten mit der Vertretung des ganzen norddeutschen Volks die verfassunggebende Gewalt dieser verbundenen Potenzen von dessen Teilvertretungen anerkannt werden würde, und daß letztere durch stillschweigende oder ausdrückliche Billigung des in Aussicht genommenen Aktes der Verfassungs- und Staatengründung auf ihr zweifellos bestehendes Recht zur Mitwirkung behufs der nötigen Abänderung der Landesverfassung großherzig verzichten würden.

Sie rechneten, daß die Anerkennung der zwingend gemeinrechtlichen Natur der Verfassung seitens der Landstände vor Abschluß des Verfassungswerkes, und mindestens in der Form der konkludenten Unterlassung des Widerspruchs geschehen würde.

Traf diese Rechnung zu, dann war eine Verfassung absolut gemeinen Rechtens am 17. April 1867 fertig und trat vielleicht am 1. Mai in Kraft, ohne daß irgend ein Landtag noch hätte gefragt werden müssen oder noch hätte protestieren können.

Wer dies leugnet und auf die Bestimmung der Landesverfassungen hinweist, wonach die Verfassungsänderung notwendig die Form des konstitutionellen Gesetzes annehmen muß, der verkennt vollständig neben der Unmöglichkeit, einen neuen Bundesstaat nach Landesverfassungsrecht zu begründen, die Bedeutung der Willens-

erklärung durch konkludente Handlung auf dem Boden des öffent=
lichen Rechts⁵⁵). Unzählige Male sind Akte, denen von Rechts=
wegen eine bestimmte Form hätte zukommen sollen, trotz des Mangels
dieser Form mittels Anerkennung derjenigen, die allein das Recht
auf Wahrung dieser Form besaßen, in die Rechtskraft erwachsen.
Heute besteht das Recht der kaiserlichen Initiative im Bundesrat
zweifellos, obgleich die Verfassung kein Wort davon weiß. Es wäre
interessant die Präklusivfristen zu untersuchen, welche vielfach der
Ausübung des Widerspruchsrechts durch den Verlauf der Dinge
selbst gesteckt sind. Hier endete sie nach meiner Überzeugung zu
Ungunsten der Kammern der Einzelstaaten mit dem Abschluß der
Verfassung⁵⁶).

Es verdient die Hervorhebung, daß eine ganze Anzahl deutscher
Kammern die Möglichkeit, auf dem durch das Verfassungsbündnis
vorgesehenen Wege eine Verfassung zu gründen mit der Kraft das wider=
sprechende Landesstaatsrecht zu brechen, anerkannt haben, und daß
alle Staaten, in welchen die Verfassung später publiziert wurde,
ihre eigenen Landesverfassungen nicht streng nach Maßgabe derselben
geändert haben. Von diesen Grundgesetzen soll jedes Wort in der
Form des geschriebenen Rechtes feststehen. Der ganze formelle
Bestand einer Verfassung aber gerät ins Wanken, wenn sie in
Bausch und Bogen für soweit abgeändert erklärt wird, als sie mit
einem andern umfassenden Verfassungswerk in Widerspruch steht⁵⁷).

---

⁵⁵) Wenn Brie, Theorie der Staatenverbindungen S. 132 N. 2 (dem
Laband I S. 37 N. 1 sich offenbar anschließt) bemerkt: „Eine formlose und
insbesondere eine nur durch konkludente Handlungen sich bekundende Gesetz=
gebung giebt es nicht", so ist darin richtig, daß ein ungesetztes Gesetz ein Un=
bing ist. Daß aber die Bildung der wichtigsten Rechtssätze mittels Erklärung des
Rechtswillens durch konkludente Handlungen geschehen kann, daß es auch un=
gesetztes Staatsrecht im konstitutionellen Staatsrecht giebt, ist unleugbar.

⁵⁶) S. das oben über die sächsische Kammer Gesagte S. 16.

⁵⁷) Dies Argument haben die Gegner der Verfassungsannahme in der
preußischen Kammer sehr wohl zu benutzen verstanden. S. unten S. 56.

Wie allbekannt, ist es das preußische Abgeordnetenhaus gewesen, welches zuerst Widerspruch erhob nicht gegen die Gründung des Verfassungswerkes überhaupt, nicht gegen die beabsichtigte Regelung des Verhältnisses von Regierungen und Reichstag bei demselben, sondern gegen die ipso jure stattfindende Rückwirkung der vereinbarten Verfassung auf das preußische Recht.

Der von Twesten erstattete Kommissionsbericht vom 4. September 1866 führte aus: „Darüber war in der Kommission keine Meinungsverschiedenheit, daß die preußische Verfassung und Gesetzgebung in keinem Falle anders als auf dem Wege der preußischen Verfassungsurkunde, also unter Zustimmung beider Häuser des Landtags, abgeändert werden kann"[58]. „Eine (der des Art. 118 der Verfassung) ähnliche vorgängige Genehmigung ließe sich vielleicht denken, wenn bestimmte Grundzüge der Bundesverfassung und der Stellung des Reichstags innerhalb derselben feststänlden; aber derartige Vorlagen sind weder gemacht noch in Aussicht gestellt." „Wenn es hiernach notwendig ist, daß die Bundesverfassung, insofern sie Änderungen der preußischen Verfassung und Gesetzgebung involviert, erst dem preußischen Landtage zur Annahme und Genehmigung vorgelegt werden muß, so erhält der Reichstag allerdings zunächst nur eine beratende Stellung . . . Es wird kein Gutachten von Notabeln sein, aber die Verfassung, welche aus den Beschlüssen des Parlamentes hervorgeht, wird dem Landtage zur Annahme oder Ablehnung im ganzen vorgelegt werden müssen[59]. Und wenn das Parlament, wie zu hoffen, die Autorität übt, die allein einen Erfolg in Aussicht stellt, so wird die Autorität seiner

---

[58] Ausdrücklich gebilligt von Seydel, Komm. S. 3. 4.

[59] Vgl. die entsprechende Äußerung von Twesten in der Sitzung vom 11. September (Stenogr. Ber. I S. 303) und seine längere Ausführung in der Sitzung vom 12. September 1866 (das. S. 321 ff.). Ferner dessen Äußerungen in der Sitzung des Landtags vom 6. Mai 1867 (Stenogr. Ber. S. 24). — Demgemäß beantragte die Kommission, entgegen dem Regierungsentwurf, in den § 1 des Wahlgesetzes die Aufgabe des zu berufenden Reichstages aufzunehmen. Derselbe sollte lauten: „Zur Beratung der Verfassung und der Einrichtungen des Norddeutschen Bundes soll ein Reichstag gewählt werden".

mit den Regierungen . . . vereinbarten (sic!) Beschlüsse auch groß genug sein, um überall deren unbedingte Annahme zu sichern."

Die Verhandlungen der 2. Kammer über diesen Bericht und über das Wahlgesetz fanden am 11. und 12. September statt[60]).

Mit geradezu bewunderungswürdiger Mäßigung und Weisheit trat der Ministerpräsident v. Bismarck dem Kommissionsantrag entgegen, und acceptierte er schließlich die durch denselben so völlig und so unliebsam verschobene Sachlage[61]). v. Bethusy-Huc beantragte, in § 1 hinter: „Zur Beratung" einzuschieben „und Vereinbarung"[62]). Der Minister-Präsident sprach sich ohne alle Hoffnung auf Erfolg für die Annahme des Amendements aus[63]); dasselbe wurde abgelehnt. Anderweite Gründe für Annahme des Kommissionsantrags als die des Twestenschen Berichtes wurden nicht vorgebracht. Derselbe fand Annahme und damit bewies das Haus, daß ihm das Verständnis für die juristische Bedeutung der geplanten Verfassungs-Vereinbarung abging[64]). Das Gesetz ist mit dem § 1 des Kommissions-Entwurfs zur Sanktion gelangt.

Es hat in dieser Satzung eine große Anzahl von Nachfolgern, die Beschränkung des Parlamentes aber auf die „Beratung" der Verfassung keine weitere Begründung gefunden[65]).

---

[60]) S. oben N. 46.

[61]) S. bef. v. Bismarcks Reden am 12. Sept. 1866 (Stenogr. Ber. I S. 307. 308. 320. 321): „Die Königliche Regierung hat dieser Änderung an dem Geiste der Vorlage nicht widersprechen wollen, weil sie befürchtete, durch ihren Widerspruch dasjenige, wie ich behaupten darf, unbegründete Mißtrauen neu zu nähren, welches die Quelle dieses Art. 1 gewesen ist."

[62]) Stenogr. Ber. I S. 316.

[63]) Das. S. 320.

[64]) Wie wenig richtig man würdigte, worauf es ankam, dafür ist die Äußerung des Abgeordneten Dr. John (das. S. 317) charakteristisch: „M. H.! Lassen wir das „vereinbaren" fort. Man hat in den Jahren 1848—50 so viel zu „vereinbaren" versucht, und aus allen diesen Vereinbarungen ist so gar nichts herausgekommen, daß ich es nur für ein ungünstiges Omen ansehen würde, wenn man den Gesichtspunkt der „Vereinbarung" gleich wieder an die Spitze dieses neuen Unternehmens stellen wollte." — Recht bemerkenswert sind auch die absolutistischen Ausführungen v. Gerlachs (Stenogr. Ber. I S. 298 ff.).

[65]) Nur die „Beratung der Verfassung und der Einrichtungen des Norddeutschen Bundes" weisen dem Parlamente zu: Sachsen,

Die genaue Analyse dieser Gründe zeigt, wie die preußische Kammer und das preußische Gesetz etwas ganz anderes wollen und können, als sie sagen.

Juristisch unanfechtbar ist nicht der Grund der Kammer, es könne die preußische Verfassung nur durch ein preußisches Landesgesetz abgeändert werden, die Kammer müsse sich deshalb die Entscheidung bis nach Abschluß des Verfassungswerks reservieren; aber rechtlich ganz unanfechtbar ist ihr politisch sehr anfechtbarer Wille, dies zu thun. Ihr Recht brauchte nicht vor dem Geltungsanspruch der neuen Verfassung zu weichen.

In demselben Augenblicke aber, wo die Kommission aus diesem Rechte der Kammern auf nachträgliche Vorlage der Verfassung an den preußischen Landtag zwecks Annahme und Genehmigung folgerte, es erhalte der Reichstag dadurch „zunächst nur eine beratende Stellung", beging sie einen kaum begreiflichen logischen Fehler, und indem das Gesetz diese Folgerung aufnahm, machte es eine berichtigende Auslegung nötig, wenn man es nicht insoweit für nichtig erklären sollte.

Da der Reichstag nur zu den Regierungen, aber gar nicht zu den Landtagen in Rechtsbeziehung stand, so hätte ein Versuch, seine Stellung aus einer vereinbarenden in eine beratende umzuwandeln, wenn gelungen, nur den Erfolg haben können, die Rolle des Beschlusses über die Verfassung den Regierungen allein zuzuweisen.

Hessen, beide Mecklenburg (in etwas abweichender Fassung), Oldenburg, Coburg-Gotha, Meiningen, beide Schwarzburg, Schaumburg-Lippe. — Zur Vereinbarung der Verfassung berufen den Reichstag: Hamburg und Bremen (implicite), Lübeck (ausdrücklich). — Zur Mitwirkung bei Feststellung der Verfassung und der Einrichtungen des Bundes: Weimar; ganz ähnlich Braunschweig und auch Lippe, das nur von definitiver Feststellung der Verfassung unter Mitwirkung des Parlamentes spricht. — Die Aufgabe des Reichstags wird gar nicht bezeichnet in Altenburg, Anhalt, beiden Reuß, Waldeck. — Interessant ist die Rückwirkung des preußischen Beschlusses auf die mecklenburgischen Stände. S. den Auszug aus deren Kommissionsbericht vom 29. September 1866 (im Staatsarchiv XI Nr. 2420 S. 361).

Davon aber, daß der Reichstag von diesen nur hätte um Rat gefragt, ihnen nur ein Gutachten abgeben sollen, welches die Regierungen je nach Gutdünken berücksichtigen konnten oder nicht, und daß letztere die Verfassung allein hätten feststellen und vielleicht gar mit verbindlicher Kraft publizieren können, wollte in Norddeutschland niemand, am wenigsten der preußische Landtag, etwas wissen.

Ohne Zustimmung des Reichstages zu jedem Worte des Verfassungstextes keine Verfassung! Ganz richtig erkannte die Kammer, daß sie nur über Annahme oder Ablehnung des ganzen Werkes befragt werden konnte, d. h. daß sie einem abgeschlossenen Werke gegenüberstand, an dessen Einzelheiten niemand mehr rütteln konnte [66]).

Da aber bei dieser Feststellung der Verfassung auch nach dem Willen der preußischen Kammer Regierungen und Reichstag den gleichen Anteil haben sollten, so bedeutete der beratende Reichstag auch bloß die Verfassung beratenden Regierungen.

Dann kam lediglich ein Verfassungsentwurf zustande und die Erhebung desselben zum Gesetz war dann nur den Einzelstaaten möglich. Aber freilich — eine Reichsverfassung durch Landesgesetz begründen ist noch schwerer als die Quadratur des Zirkels. Dann mußte jener Entwurf den einzelnen Landständen wie jeder andere Gesetzentwurf vorgelegt werden, jede Kammer konnte amendieren, die sächsische beschloß, Preußen solle nur zwölf Stimmen im Bundesrate haben, die oldenburgische stellte neben den Reichstag ein Oberhaus, alle Legislaturen würgten an dem Bissen, der für sie alle zu groß war: das Verfassungswerk war verloren.

Das widersprach dem Willen der preußischen Kammer, wenn auch offenbar nicht den Wünschen einzelner Mitglieder. Sie wollte nichts als Ablehnung des ihr angesonnenen Verzichtes auf ausdrückliches Votum bei Entscheidung der Frage, ob die gegründete Verfassung ins Leben treten sollte. Allein sie erklärte ihren Willen in ganz falscher Formulierung. Statt zu verneinen die rechtsbrechende

---

[66]) Dieser Erkenntnis wurde freilich später in Preußen nicht nachgehandelt. S. unten § 12.

Kraft des vereinbarten Werkes — wozu sie durchaus legitimiert war —, verneinte sie die vereinbarende Stellung des Reichstages, was ganz außer ihrer Zuständigkeit lag, und welche Verneinung sie schlechterdings nicht zum erstrebten Ziele führen konnte.

Soll also dieser Passus der Wahlgesetze nicht einfach als nichtig angesehen werden, weil die Landesgesetzgebungen die Stellung des Reichstages überhaupt nicht und am wenigsten in voneinander abweichender Weise bestimmen konnten[67]), so bleibt nichts übrig, als in ihm die Verneinung der in Aussicht genommenen Rechtskraft der vereinbarten Verfassung zu erblicken.

Es hatten dann die verschiedenen Wahlgesetze einen zwiespältigen Rechtszustand geschaffen. Die streng auf der Basis des Verfassungsbündnisses beharrten, gaben Zeugnis für den Vollzug des den Landständen angesonnenen Verzichts, die anderen aber verkündeten dessen Ablehnung.

Somit wäre korrekt gewesen, die Bundesverfassung nur den Kammern der letzten Staatengruppe zur Anerkennung vorzulegen. Allein auch hier treibt wieder der Gesetzlichkeitsfehler sein Wesen: es unterblieb dies einzig und allein in Braunschweig.

§ 7.
4. Die Verfassungsvereinbarung.

I. Das Vereinbarungswerk besteht allein aus der Beratung und Beschlußfassung des Reichstages über den ihm vorgelegten Verfassungsentwurf und aus der Beschlußfassung der Regierungen über den Reichstags-Entwurf. Der Erlaß der Wahlgesetze, die Ausschreibung der Wahlen vor vollständiger Fertigstellung des Verfassungsentwurfes, die Vornahme derselben im ganzen Bundesgebiete am 12. Februar 1867, die Einberufung des Reichstages im Namen der verbündeten Regierungen durch Verordnung König Wilhelms

---

[67]) Andere Landesgesetze erkennen ja seine vereinbarende und mitwirkende Stellung an. S. oben S. 34 N. 65.

von Preußen vom 13. Februar 1867 auf Sonntag den 26. Februar 1867 nach Berlin bildeten die eine Reihe der notwendigen Vorbereitungshandlungen: sozusagen die Schöpfung der Gegenpartei beim Vereinbarungswerk. Die andere Reihe bezielte die Schöpfung des Objekts der Vereinbarung: des dem Reichstage vorzulegenden Verfassungsentwurfes.

II. Behufs Verwirklichung des Art. 5 des Bündnisvertrages lud bekanntlich die preußische Regierung durch Einladungsschreiben vom 21. November 1866 alle verbündeten Staaten ein, Bevollmächtigte zum 15. Dezember 1866 nach Berlin zu senden. Dieselben traten zusammen, und Graf von Bismarck legte ihnen am 15. Dezember 1866 „den Entwurf einer Verfassung des Bundes" vor, welchen die Königliche Regierung den verbündeten Staaten zur Annahme empfahl [68].

„Daß derselbe den einzelnen Regierungen wesentliche Beschränkungen ihrer partikularen Unabhängigkeit zum Nutzen der Gesamtheit zumutet", bezeichnete der preußische Minister-Präsident als selbstverständlich. Die königliche Regierung zweifelte nicht, „daß der einmütige Wille der verbündeten Fürsten und freien Städte, getragen von dem Verlangen des deutschen Volkes, seine Sicherheit, seine Wohlfahrt, seine Machtstellung unter den europäischen Nationen durch gemeinsame Institutionen dauernd verbürgt zu sehen, alle entgegenstehenden Hindernisse überwinden werde". Preußen ließ darüber, daß der Entwurf zustande kommen müsse, thatsächlich keinen Zweifel.

III. Über das trotzdem schwierige Vereinigungswerk sind wir leider ungenügend unterrichtet. Vertrauliche Beratungen wurden gepflogen und drei offizielle Sitzungen gehalten: am 18. und 28. Januar und am 7. Februar 1867 [69]. Einstimmig ward in der

---

[68] S. eine Kollation desselben mit der Vorlage an den konstituierenden Reichstag bei Haenel, Studien I S. 270 ff. Die Eröffnungsrede v. Bismarcks s. in den Anlagen zu den Verhandlungen des Reichstags, Aktenstück Nr. 10, S. 18 u. 19, auch bei Hahn S. 481—482.

[69] Die drei Protokolle darüber samt Anlagen und das wichtige Schluß-

Sitzung vom 18. Januar der preußische Antrag angenommen, die Rechte, die der Verfassungsentwurf in A. 14 und 25 dem Präsidium und dem Bundesrat gegenüber dem Reichstag gewähre, ad hoc der Krone Preußen zu übertragen und sie zu ermächtigen, den Verfassungsentwurf seinerzeit dem Reichstage vorzulegen und ihm gegenüber zu vertreten[70]). Für die Sitzung vom 28. Januar hatten die preußischen Bevollmächtigten (v. Bismarck und v. Savigny) „sich der Aufgabe unterzogen, aus den von den übrigen Bevollmächtigten formulierten zahlreichen Amendements diejenigen auszuwählen und zu bearbeiten, welche die Mehrheit der geäußerten Wünsche befriedigen dürften, ohne den Prinzipien des Entwurfes entgegenzulaufen." Fernere Änderungen in betreff der festgestellten Abschnitte lehnte Preußen ab. Die Bevollmächtigten erkannten diese Abschnitte als vorläufig festgestellt an.

In der Sitzung vom 7. Februar verständigte man sich einmütig dahin, daß der Entwurf der im Bündnisvertrage und in den verschiedenen Friedensverträgen vorgesehenen Bundesverfassung „nunmehr unter den Hohen verbündeten Regierungen festgestellt ist und in solcher Gestalt dem am 24. d. M. zusammentretenden Reichstage vorgelegt werden soll". Die Ratifikationen dieser Erklärung sollen spätestens bis zum 17. d. M. zu den Akten der Konferenz eingesendet werden.

Auf den Inhalt der Verhandlungen ist hier nicht einzugehen, doch ist Folgendes bemerkenswert:

1. Die Versammlung bezeichnet sich ständig als „Konferenz zur Beratung und Feststellung der Verfassung des Norddeutschen Bundes".

2. Dieselbe wahrt konstant den Grundsatz der Einstimmigkeit.

3. Es gelingt derselben nicht, wie schon anderweit betont ist[71]) und wie aus dem Schlußprotokoll mit voller Klarheit erhellt, Einmütigkeit bis zu dem Grade herbeizuführen, um den Entwurf zur

---

protokoll vom 7. Februar sind abgedruckt in den zitierten Anlagen, S. 17—36. Die Protokolle auch bei Hahn, S. 486—496.

[70]) S. darüber oben S. 17.

[71]) Besonders von Haenel, Studien I S. 70. 71.

Grundlage eines internationalen Vertrags zwischen den norddeutschen Regierungen zu machen. Eine ganze Anzahl von Voraussetzungen der erteilten Zustimmung, von Vorbehalten, von Bedenken blieb gänzlich unerledigt. Doch waren sie, wie der preußische Bevollmächtigte zum Schluß hervorhob, nicht dazu angethan und „noch weniger dazu bestimmt", das Einverständnis sämtlicher Bevollmächtigten darüber abzuschwächen, daß der jetzt definitiv festgestellte Entwurf „namens der Gesamtheit der in der Konferenz vertretenen Regierungen durch die Krone Preußen dem Reichstage vorgelegt werde", und so werde die preußische Regierung denselben vorlegen.

4. Diese einmütige Zustimmung zur Vorlage verpflichtete die Regierungen zur unbedingten Annahme der Verfassung, falls der Reichstag den Entwurf nicht amendierte.

Da aber alle Regierungen im Verfassungsbündnis und den Friedensverträgen das Prinzip der Vereinbarung anerkannt hatten, so waren sie durch die Zustimmung zur Vorlage untereinander und dem Reichstage verpflichtet, dessen Änderungen anzunehmen, soweit ihnen dies staatsrechtlich und politisch möglich erschien.

5. Der Verfassungsentwurf selbst enthielt ein überflüssiges, dazu widerspruchsvolles Proömium, das gerade deshalb zu reichen Mißverständnissen Anlaß gegeben hat[72]). Dieser „Entwurf", der, wenn ich so sagen darf, Gesetz nur durch die Zustimmung des norddeutschen Volkes werden konnte, erwähnt in seiner Einleitung diese zweite Quelle seiner Rechtsnatur gar nicht. Demnach erscheint der Norddeutsche Bund lediglich als eine That der norddeutschen Regierungen resp. Staaten. Sie gründen ihn, indem sie unter sich einen ewigen Bund schließen; sie bestimmen, daß er der Norddeutsche

---

[72]) „Se. Majestät der König von Preußen, Se. Majestät der König von Sachsen u. s. w. schließen einen ewigen Bund zum Schutze des Bundesgebietes und des innerhalb desselben gültigen Rechts, sowie zur Pflege der Wohlfahrt des deutschen Volkes. Dieser Bund wird den Namen des Norddeutschen führen und wird nachstehende Verfassung haben." Dieser Eingang bildet fast die einzige Grundlage der beiden Theorieen, wonach entweder der Norddeutsche Bund durch Vertrag entstanden oder sogar dauernd ein Staatenbund geblieben ist.

heißen und folgende Verfassung haben wird. Allein ihr Thun widerlegt ihre Aussage.

Noch viel auffallender als diese falsche Einleitung ist freilich der Umstand, daß der konstituierende Reichstag — von seinem Mitgliede Landgerichtspräsident Scherer aufgefordert, dieselbe richtig zu stellen — den Antrag Scherer abgelehnt und auf die falschesten Gründe hin die falsche Vorlage unverändert angenommen hat [73]). Der etwas schwerfällige Antrag ging dahin, hinter „nachstehende" folgende Worte einzufügen: „in Übereinstimmung mit der zum ersten norddeutschen Reichstage berufenen Gesamtvertretung des norddeutschen Volkes festgestellte" [74]).

Der Antragsteller führte aus [75]): „Es könnten ohne seinen Zusatz Zweifel bleiben, ob diese Verfassung von den 22 norddeutschen Regierungen einfach verliehen wird oder ob sie das Werk der Vereinbarung ist." Er halte es des Hauses würdig, daß es sich die ihm gebührende Stelle vindiziere. Was erwiderte Twesten? Die Notiz der Vereinbarung sei überflüssig, und es gebe zwar ein deutsches, aber kein norddeutsches Volk [76])! Man sieht, auch ein echter Patriot, der zugleich scharfer Kopf ist, kann den Bann partikularistischer Anschauungen nicht immer zur rechten Zeit brechen. Der Antrag Scherer ward abgelehnt [77]) und der Reichstag nahm die Einleitung an, die ihn dissimuliert!

Daß die Verfassung dennoch etwas ganz anderes bedeutet als die Urkunde über einen völkerrechtlichen Vertrag der norddeutschen Staaten, zeigt sich gerade darin, daß selbst diese Einleitung Gesetzestext geworden ist nur durch die Zustimmung des norddeutschen Volkes, daß ferner ein Staatenvertrag, der seine Gültigkeit nur erlangt durch die Zustimmung eines Volkes, was noch nicht Staatsvolk ist, undenkbar

---

[73]) S. d. Sitzung v. 10. April 1867 (Sten. Ber. S. 690 ff.).
[74]) Aktenstücke N. 107 (S. 78).
[75]) Stenogr. Ber. S. 690.
[76]) S. das. S. 691—692. Der Pole Kantak hatte diesen Grund unmittelbar vorher gegen Scherer ins Feld geführt.
[77]) Das. S. 693.

erscheint, daß endlich ein Staatsvertrag ein untaugliches Mittel zur Schöpfung eines konstitutionellen Bundesstaates darstellt.

§ 8.
5. Der vereinbarende Reichstag insbesondere.

War es zwar nicht für das Verhältnis der Einzellandtage zur festgestellten Verfassung, wohl aber für die Stellung des Reichstages ganz gleichgültig, welche Aufgabe die Wahlgesetze dem Reichstag zuwiesen [78]), so kann nicht das Gleiche behauptet werden von dem Einberufungsschreiben des Reichstages im Namen der verbündeten Regierungen durch König Wilhelm. In dieser Verordnung vom 13. Februar 1867 heißt es: „Nachdem Wir mit den verbündeten Regierungen der norddeutschen Staaten übereingekommen sind, zur Beratung der Verfassung und der Einrichtungen des Norddeutschen Bundes, Vertreter der Nation (sic!) zu einem Reichstage zu versammeln." Die Aufgabe des Reichstages konnte nur von den Regierungen in Gemeinschaft mit ihm selbst festgestellt werden und die Einberufung giebt ihm scheinbar nur das bescheidene votum consultativum. Der Reichstag hat dagegen nicht protestiert, wie denn unverkennbar, dank dem Drucke des preußischen Abgeordnetenhauses, das dem ersten norddeutschen Parlamente geziemende stolze Selbstgefühl nicht zur vollen Entwicklung gekommen ist. Dabei ist nicht zu vergessen, daß die Wortführer des Abgeordnetenhauses zugleich einflußreiche Mitglieder des Reichstages waren. Sie konnten nun nichts anderes als das Gefühl der Resignation im Reichstage wach zu halten.

Die Verhandlungen zeigen erfreulicherweise, daß sich der Reichstag mit prinzipiellen Erörterungen über seine Stellung wenig beschäftigt hat. Doch ist es beachtenswert, daß wo Äußerungen über seine bescheidene Aufgabe fallen, nirgends ein kräftiger Protest er-

---

[78]) Er brauchte bei der Prüfung der Legitimation seiner Mitglieder darauf keine Rücksicht zu nehmen und hat es auch nicht gethan.

tönt. Dr. Braun (Wiesbaden) äußerte in der Sitzung vom 11. Mai 1867 [79]): „Freilich haben wir keine formelle Autorität, wir sind keine konstituierende Versammlung, wir können nicht oktroyieren, wir können kaum paktieren, wir können nur Rat erteilen; aber was uns an der formellen Autorität entgeht, das gewinnen wir bei der Lage der Dinge doppelt an Gewicht." Selbst v. Vincke, der im Abgeordnetenhause gegen das „beratend" gestimmt hatte, erkennt in der Sitzung vom 13. Mai 1867 an [80]): „Was noch speziell hier unsere Versammlung anbetrifft, so hat man ihr mehrfach den Charakter einer nur beratenden beigelegt. Das ist sie auch, m. H., und ich denke, sie fährt ganz wohl dabei" [81]).

Das Schicksal des Schererschen Antrags, dessen Begründung zugleich richtig und scharf betonte, wie die Befragung der Einzellandtage nur noch eine formelle Bedeutung haben könnte und wie es späterhin bei Verkündung der Verfassung heißen müßte: „daß die Verfassung festgestellt ist in Übereinstimmung der Regierungen und des Reichstags und genehmigt demnächst von den einzelnen Landesvertretungen" [82]), ist oben erwähnt worden.

Der Einzige, der mit einem gewaltigen Rucke die ganze Kluft zwischen Reichstag und Landtagen aufriß, ist das Mitglied des Reichstages gewesen, das zugleich der leitende Staatsmann in Preußen war [83]). Seine Rede in der Sitzung vom 11. Mai 1867 gegen die neue Spezies der Sondersucht, gegen den parlamentarischen Partikularismus der Landtage, — geradezu erhaben durch überlegene Auffassung der Lage und zugleich durch Gewalt wie Adel der Leidenschaft — ließ den Gedanken und Gefühlen freien Lauf, die im preußischen Abgeordnetenhause durch die Festigkeit eines eisernen Willens gewaltsam zurückgedämmt waren. Der Minister-

---

[79]) Stenogr. Ber. I S. 128.
[80]) Stenogr. Ber. I S. 182.
[81]) Der Abgeordnete fügt freilich zu: „Wenn wir, wie der Herr Minister-Präsident bemerkte, ein Werk überhaupt zu stande bringen, so wird keine Versammlung in Deutschland uns ihr Veto entgegenzusetzen wagen."
[82]) Stenogr. Ber. I S. 690, 691.
[83]) S. Stenogr. Ber. I S. 135 ff.

präsident stellte die Kabinetsfrage. Den „scherzhaften Seitenhieb", er werde sich schon zu helfen wissen, auch wenn hier nichts zustande komme, parierte der Redner mit den vernichtenden Worten: „M. H., ob ich mir in diesem Falle zu helfen wüßte, das will ich hier unerörtert lassen, ich würde mir aber nicht helfen. Ich habe meinem Könige und Lande noch nie den Dienst versagt; in einem solchen Falle aber würde ich ihn versagen und würde denjenigen, die das Chaos herbeigeführt haben, auch überlassen, den Weg aus dem Labyrinthe wieder herauszufinden" . . . . . . „Ich habe, als hier vorgestern dasselbe Recht („das Produkt unserer Arbeiten in den und den Fällen zu verwerfen oder zu genehmigen") für den preußischen Landtag in Anspruch genommen wurde, in der ganzen Versammlung keinen Ausruf des Erstaunens gehört, außer dem, den ich in meinem Inneren unterdrückte. Ich glaube . . . diejenigen, die dieses Wort aussprechen, unterschätzen denn doch den Ernst der Situation, in der wir uns befinden. Glauben Sie wirklich, daß die großartige Bewegung, die im vorigen Jahre die Völker vom Belt bis an die Meere Siciliens, vom Rhein bis an den Pruth und den Dnjestr zum Kampfe führte, zu dem eisernen Würfelspiel, in dem um Königs- und Kaiserkronen gespielt wurde, — daß die Millionen deutscher Krieger, die gegeneinander gekämpft und geblutet haben auf den Schlachtfeldern vom Rhein bis zu den Karpathen . . . . mit einer Landtagsresolution ad acta geschrieben werden können, dann stehen Sie wirklich nicht auf der Höhe der Situation." „Ich wende mich gerne von diesen phantastischen Unmöglichkeiten in das reale Gebiet zurück."

Die Rechtsstellung des Reichstages konnte aber selbst durch diese gewaltigen Worte nicht, sondern nur durch die Thatsachen bestimmt werden. Diese lassen aber gar keinen Zweifel übrig.

1. **Für die Auffassung der verbündeten Regierungen** entscheidend ist die Thronrede vom 24. Februar 1867. Nachdem der König die „Schwere der Aufgabe" betont, trotz der Gunst der Lage „eine volle Übereinstimmung" zwischen so vielen unabhängigen Regierungen zu erzielen, welche bei ihren Zugeständnissen

obenein die Stimmungen ihrer Landstände zu beachten haben, fährt die Rede fort: „Je mehr Sie ... sich diese Schwierigkeiten vergegenwärtigen, um so vorsichtiger werden Sie ... bei Prüfung des Verfassungsentwurfes die schwerwiegende Verantwortung für die Gefahren im Auge behalten, welche für die friedliche und gesetzmäßige Durchführung des begonnenen Werkes entstehen könnte, wenn das für die jetzige Vorlage hergestellte Einverständnis der Regierungen für die vom Reichstage begehrten Änderungen nicht wieder gewonnen würde." Dann ist also eine gesetzmäßige Aufrichtung der Verfassung nicht mehr möglich, das Werk ist gescheitert, die Regierungen können nicht an dem abgelehnten Entwurfe vorbei, der Reichstag ist also ein die Verfassung vereinbarender.

Diesen Standpunkt haben die Regierungen während der ganzen Session festgehalten [84]. In ihrer Sitzung vom 16. April 1867 nahmen sie den Entwurf des Reichstages nicht zur Kenntnis, sondern sie stimmten über Annahme oder Ablehnung desselben en bloc ab [85]. In seiner feierlichen Schlußrede vom 17. April 1867 bezeichnet König Wilhelm das Verfassungswerk für aufgerichtet. „Die Volksvertretungen der einzelnen Staaten werden dem, was Sie in Gemeinschaft mit den Regierungen geschaffen haben, ihre verfassungsmäßige Anerkennung nicht versagen [86]."

2. Der Reichstag aber, so bescheiden er auch über sich dachte, trat ganz in die Aufgabe ein, wie sie ihm die Regierungen gestellt hatten. Seine Bedenken betreffen stets nur sein Verhältnis zu den Einzellandtagen, nicht zu den verbündeten Regierungen. Diesen das votum decisivum, sich nur das votum consultativum zuzuschreiben kommt ihm nicht in den Sinn. Es

---

[84] S. bef. die Erklärung des Präsidenten der Bundes-Kommissarien v. Bismarck in der Sitzung vom 15. April 1867 (Stenogr. Ber. I S. 695. 696). v. Bismarck berichtet, daß die verbündeten Regierungen in gegen 40 Punkten die Anträge des Reichstags anzunehmen bereit seien, wenn es gelingt, „eine Verständigung zu erzielen" über die Sicherstellung der Heereseinrichtungen und die Diätenfrage.

[85] S. das Protokoll in den Aktenstücken des Reichstags Nr. 126 (S. 91).

[86] Stenogr. Ber. I S. 733. 734.

spricht sich das mit großer Klarheit auch darin aus, daß der Reichs=
tag die Geschäftsordnung des preußischen Abgeordnetenhauses zu
der seinen machte und den § 69 dahin abänderte: „Nach erfolgter
Beschlußnahme werden die Gesetzes=Vorlagen dem Bundes=
Präsidium eingereicht[87].“

Auch der so interessante Inhalt der Verhandlungen des kon=
stituierenden Reichstags liegt außer dem Bereich dieser Ausführungen.
Wichtig für sie ist nur die Thatsache, daß in der Sitzung am
16. April 1867 der Verfassungsentwurf, wie er aus den Be=
schlüssen des Reichstages hervorgegangen war, bei der Abstimmung
über das Ganze mit 230 gegen 53 Stimmen angenommen wurde[88].

An demselben Tage beschlossen die Regierungskommissarien
einstimmig: „den Verfassungs=Entwurf, wie er aus der Schluß=
berathung des Reichstags hervorgegangen ist, anzunehmen“, und
ersuchten den Vorsitzenden, „davon den Reichstag in Kenntnis zu
setzen mit dem Hinzufügen, daß die Regierungen die Bundesver=
fassung in dieser Gestalt nach Maßgabe der in den einzelnen Län=
dern bestehenden Verfassungen zur gesetzlichen Geltung bringen
würden[89].“

Diesen Beschluß verkündete v. Bismarck am 17. April dem
Reichstage, und damit war die Vereinbarung vollendet, die Ver=
fassung geschaffen[90].

---

[87]) Stenogr. Ber. I S. 5.

[88]) Stenogr. Ber. I S. 729.

[89]) S. das Protokoll in den Stenogr. Berichten über die Sitzung vom 17. April 1867 S. 731.

[90]) Diese Vereinbarung wird nicht nur als solche anerkannt im Publi=
kandum v. 26. Juli 1867, sondern auch in den meisten Publikationspatenten
zur Norddeutschen Bundesverfassung, seltsamer Weise auch denen solcher Staaten,
die dem Reichstag nur berathende Stellung zugestehen wollten. So in Preußen,
Lauenburg, Hessen, beiden Mecklenburg, Weimar, Coburg=Gotha,
Meiningen, Altenburg, Braunschweig, Anhalt, Schwarzburg=
Sondershausen, Reuß Ä. L., Schaumburg=Lippe, Waldeck, Ham=
burg, Lübeck.

§ 9.
6. Die Lücke der Vereinbarung bezüglich des dies a quo[91].

Nach Art. 6 des Vertrages vom 18. August 1866 sollte das Bündnis bis zum Abschluß des neuen Bundesverhältnisses, eventuell auf ein Jahr dauern. Es liegt die Annahme nah, daß der Vertrag das Ende der Vereinbarung als Abschluß des neuen Bundesverhältnisses betrachtete, also das sofortige Inkrafttreten der vereinbarten Verfassung in Aussicht nahm. Zwischen dem 18. August aber und der Vorlage des Verfassungsentwurfs an den Reichstag hatte sich die Notwendigkeit ergeben, die vereinbarte Verfassung nochmals den einzelnen Landtagen zu unterbreiten. Umsoweniger hätte die Vereinbarung zwischen den Regierungen und dem Reichstag über den Tag unterlassen werden dürfen, an welchem sie ihrerseits gewillt waren durch Eintritt in den Bund die Verfassung ins Leben treten zu lassen. Galt es doch den Landtagen nicht um eines Haares Breite mehr zu thun übrig zu lassen, als sie nach strengem Rechte verlangen konnten. War bis zum bezeichneten Tage dem einen oder andern Staate durch Schuld der Regierung oder des Landtags der Beitritt noch nicht möglich, so hinderte das nicht, daß der Bund zu leben begann.

Nun enthielt aber weder der Verfassungsentwurf der Regierungen einen Vorschlag über den Tag des Inkrafttretens, noch wurde ein solcher Antrag im Reichstage gestellt[92]. Demgemäß enthielt die Vereinbarung eine empfindliche Lücke: Rechtsverbindlichkeiten waren von beiden Seiten eingegangen ohne Bestimmung der Leistungszeit.

Da der Reichstag die Aufnahme des dies a quo in die Ver-

---

[91]) Über die beiden Unterlassungen der verfassunggebenden Gewalt (s. außer § 9 den § 10 unten) gleitet die Litteratur schweigend weg.

[92]) Der Art. 2 a. E. mußte natürlich auf die Verfassung unanwendbar erscheinen, selbst wenn sie ordnungsgemäß veröffentlicht worden wäre.

faſſung nicht verlangt und mit dem 17. April ſein Ende erreicht hatte, iſt anzunehmen, daß er der Geſamtheit der Regierungen als ſeinem einzigen Gegenpart bei der Vereinbarung die Beſtimmung dieſes Tages und die Art der Verkündung ihres Willens über= laſſen hat.

Dieſe Erklärung der ſämtlichen norddeutſchen Regierungen bil= dete die notwendige Ergänzung des Vereinbarungswerkes, war von ihnen mit geſamtem Munde abzugeben, da keine für ſich einſeitig den Tag des Beginnes des Nordbundes feſtſetzen konnte, und zu dieſer Geſamterklärung, die erging im Namen der Vereinbarenden, die deshalb eine verpflichtende Kraft für das norddeutſche Volk als Ganzes beſitzen mußte, verbot ſich die Anerkennung eines Mitbe= ſtimmungsrechtes der einzelnen Landtage von ſelbſt.

Allein die Anſprüche der Landtage haben das juriſtiſche Rech= nungswerk der Regierungen überhaupt ſtark in Verwirrung gebracht, und ſo wurde dieſe Erklärung der Regierungen überhaupt nicht mit geſamtem Munde, ſondern höchſt befremdlich von ihnen einzeln ab= gegeben, und zwar in der rechtlich ungehörigen Form des Landgeſetzes ſtatt in der — man geſtatte den nicht ganz richtigen Ausdruck — einer Verordnung der verfaſſunggebenden Gewalt.

§ 10.

7. Die Unterlaſſung der Verfaſſungsverkündigung.

Die Verfaſſung vom 17. April 1867 als Willensvereinbarung zwiſchen den Regierungen und dem Volke ſowohl über das, was ſie gemeinſam bei der Verwandlung des geſchriebenen Wortes in le= bendige Wirklichkeit zu thun hätten, als auch über die dauernde Ausgeſtaltung des großen Rechtsverhältniſſes zwiſchen Centralſtaat, Gliedſtaaten und deutſchen Reichsbürgern bedurfte notwendig zu= nächſt

1. der feierlichen Beurkundung, auf daß an keinem Worte von keiner Seite gerüttelt werden könne. Die gegebenen, ja

die einzig denkbaren Aussteller dieser Urkunde waren die an der Vereinbarung beteiligten Persönlichkeiten: denn es handelte sich ja um ihre dispositive Willenserklärung. Es hatten demgemäß die als vereinbart zu bezeichnende Verfassung zu unterschreiben die sämtlichen Mitglieder der Konferenz der Regierungsbevollmächtigten einerseits und mindestens das Präsidium und das gesamte Büreau des Reichstages andererseits.

2. **Diese Urkunde bedurfte der Publikation.** Denn noch stand ja aus' die feierliche Erklärung des verfassunggebenden Willens seitens der verfassunggebenden Gewalt in authentischer Form gegenüber den Staaten und dem ganzen Volke Norddeutschlands in der Heimat wie in der Diaspora. Die Annahme der Verfassung durch den Reichstag geschah zunächst zu Gehör der Bevollmächtigten-Konferenz, die Annahme der Reichstagsverfassung durch einstimmigen Beschluß dieser Konferenz zu Gehör des Reichstags. Nun handelte es sich um die Erklärung des Gesamtwillens mit gesamtem Munde nach außen. Sie mußte geschehen vor dem Inslebentreten des neuen Staates: denn sie war dessen Grundgesetz, er ihre Verwirklichung. Sie konnte nicht geschehen durch ihn: denn die Verfassung war nicht sein Wille, sondern der Wille seiner Schöpfer.

Wie die Vereinbarung, wie die Beurkundung, so konnte auch die Publikation in der antezipierten Nummer 1 des Gesetzblattes des Norddeutschen Bundes prinzipiell nur erfolgen durch gemeinsame That der Regierungsbevollmächtigten und des Parlaments, wenn nicht der Reichstag sie ausdrücklich oder stillschweigend den Regierungen, oder beide Teile — was vielleicht das würdigste war — sie gemeinsam dem Könige von Preußen überließen. Die Publikation hätte dann vom Könige ohne Gegenzeichnung erfolgen müssen: denn noch gab es keinen Minister des Norddeutschen Bundes.

Es ist aber weder das eine noch das andere noch das dritte geschehen. Insbesondere hat der konstituierende Reichstag mit keinem Worte des Publikationsaktes gedacht. Da niemand außer den Vereinbarenden als solchen das Recht besaß feierlich deren Willen zu erklären und diese es unterlassen haben, so ist eine offizielle Publikation der Verfassung bis auf den heutigen Tag nicht erfolgt und jetzt ist sie rechtlich unmöglich geworden. Wen Formfehler schrecken, der kann daraus furchtbare Folgerungen ziehen. Der Schein der Publikation ist von den Staaten wie von dem norddeutschen Volk für diese selbst genommen worden, er hat — kein seltener Fall! — dafür erfolgreich vikariert. Durch allseitige Anerkennung der nicht publizierten Verfassung wurde der Mangel der Publikation geheilt.

Dieser Scheinpublikationen[93]) liegen aber 24 ganz verschiedene vor: 23 in der Form der Landesgesetze[94]), eine nach Art der Bundesgesetze. Erstere sind erfolgt zwischen dem 21. und 27. Juni 1867[95]), also vor dem Inkrafttreten der Verfassung, die letztere datirt vom 26. Juli 1867 und ist ausgegeben am 2. August 1867 in Nr. 1 des Gesetzblattes des Norddeutschen Bundes.

a. Zu Gunsten der ersteren ließe sich vielleicht so argumentieren. Indem der Reichstag die Frage der Beurkundung wie der Publikation gar nicht aufwarf, überließ er beide Akte den Regierungen. Da diese sich über eine gemeinsame Beurkundung und Publikation nicht verständigten, fiel diese Aufgabe den einzelnen Regierungen zu, die Bedürfnis zur Publikation empfanden. Allein dies wäre kein Grund, sondern eine Schilderung des Sachverlaufes.

Die Publikation der Bundesverfassung hatte zu geschehen in einem Akte für ganz Norddeutschland und sie konnte geschehen nur im Namen und Auftrag der Urheber der vereinbarten Verfassung. Ein solcher Auftrag ist nicht erfolgt, die Erklärung dispositiver

---

[93]) Ich wahre mich vor dem Mißverständnisse, als behaupte ich, die Publikationen der Reichsverfassung in Gestalt der Landesgesetze hätten juristisch gar keine Bedeutung. Ich behaupte nur, sie seien keine Publikationen der Reichsverfassung. S. unten § 12.

[94]) S. dieselben bei Glaser, Archiv des Norddeutschen Bundes I Heft IV S 117—124. Die Zahl 23 erklärt sich dadurch, daß für das mit Preußen nur in Personal-Union stehende Lauenburg eine besondere Publikation erfolgte.

[95]) Nicht ganz genau. Nur die Daten der Publikationspatente fallen auf diese Tage.

Willensakte durch negotiorum gestio in solchen Verhältnissen schlechterdings unmöglich⁹⁶). Von den 23 Publikationspatenten nimmt kein einziges Bezug auf einen Auftrag der vereinbarenden Faktoren, keines wagt ernstlich die Verfassung für ganz Norddeutschland zu publizieren, und indem sie Bezug nehmen auf die Zustimmung ihrer Landtage und auf diese die Publikation stützen, bezeichnen sie dieselbe ganz klar als feierliche Verkündung eines Aktes der partikularen Staatsgewalt, mit anderen Worten als das Gegenteil der Verkündung des Willens der für Norddeutschland verfassunggebenden Gewalt.

b. Das Publikandum vom 26. Juli 1867 aber im Bundesgesetzblatt des Norddeutschen Bundes Nr. 1 hat trotz des Eingangs: „Wir Wilhelm . . . thun kund und fügen hiermit im Namen des Norddeutschen Bundes zu wissen" gar nicht die Absicht einer offiziellen Publikation der Verfassung als solcher. In dem durch den ganzen Text der Verfassung gespaltenen Satz, dessen erste Hälfte auf S. 1 und dessen letzte auf S. 23 steht, berichtet das Publikandum erzählend, es sei die Verfassung, nachdem sie von den norddeutschen Regierungen „mit dem zu diesem Zwecke berufenen Reichstage vereinbart worden", im ganzen Umfange des norddeutschen Bundesgebietes unter dem 25. Juni d. J. verkündet worden — eine Mitteilung, die nicht einmal ganz wahr ist,⁹⁷) — und habe am 1. Juli die Gesetzeskraft erlangt. Es berührt dann seltsam, daß jene Publikation und diese Thatsache nochmals „hiermit zur öffentlichen Kenntnis" gebracht werden. Der wahre Grund der Publikation ist aber in dem ersten Absatz auf S. 23 enthalten. Der König übernimmt darin „die Uns durch die Verfassung des Norddeutschen Bundes übertragenen Rechte, Befugnisse und Pflichten

---

⁹⁶) Es ist ganz richtig, wenn Seydel, Komm. S. 6 bemerkt: Ist das Bundesgesetz etwas anderes als Landesgesetz der einzelnen Staaten, „so kann die Verkündigung durch die Einzelstaatsgewalten kein Bundesgrundgesetz ins Leben rufen, sondern nur eine Verkündigung durch die Bundesstaatsgewalt kann dies bewirken". Nur seine Folgerung ist unrichtig.

⁹⁷) S. oben S. 50.

für Uns und Unsere Nachfolger in der Krone Preußen". Dieser Akt mußte allerdings prinzipiell Bezug nehmen auf die offizielle Publikation der Bundesverfassung, und eine solche fehlte empfindlicherweise im Bundesgesetzblatt. So wurde deren Text wenigstens zur Kenntnisnahme mitgeteilt.

Aber der Norddeutsche Bund, in dessen Namen der König spricht, konnte nicht feierlich den Willen erklären, der ihn geschaffen hatte, am wenigsten unter Gegenzeichnung des Bundeskanzlers, den ja der König erst selbst wieder auf Grund der schon in Geltung getretenen Bundesverfassung ernannt hatte [98]. Daß der Norddeutsche Bund sich gesetzgeberisch zu der norddeutschen Bundesverfassung als zu seinem Grundgesetz bekannt hätte, wäre nicht undenkbar, aber doch sinnlos gewesen. Denn diese Anerkennung hätte nur unter Mitwirkung von Bundesrat und Reichstag geschehen können, und jede Thätigkeit beider Körperschaften auf Grund der Verfassung vom 17. April 1867 bedeutete ja deren thatsächliche und rechtliche Anerkennung. Da nun das Publikandum vom

---

[98] Es hat damals die Frage der Kontrasignatur überhaupt Zweifel erregt. Eine Kontrasignatur der offiziell publizierten Bundesverfassung war undenkbar, selbst wenn diese Publikation von Regierungen und Reichstag dem König Wilhelm allein übertragen gewesen wäre. Am 1. Juli 1867 hätte man das Erscheinen von Nr. 2 des Norddeutschen BGBl. zu erwarten gehabt und darin zwei Erlasse: Die Erklärung Seiner Majestät, daß er die Präsidialrechte nach Maßgabe der Bundesverfassung übernehme und in Ausübung derselben den Grafen Bismarck zum Bundeskanzler bestelle. Für diesen ersten Akt der Bundesstaatsgewalt, für welche es keine preußischen Minister gab, war eine Kontrasignatur rechtlich undenkbar. Der zweite Erlaß mußte die Gründung des Norddeutschen Bundesgesetzblatts mit der Maßgabe verfügen, die offizielle Publikation der Bundesverfassung habe als Nr. 1 zu gelten. Und dieser Erlaß bedurfte nach BB. A. 17 der Gegenzeichnung des Bundeskanzlers. Statt dessen erschien Nr. 1 des Gesetzblattes erst am 2. August. Unter dem 26. Juli erklärt darin König Wilhelm, unter Gegenzeichnung des Kanzlers, die Annahme der Präsidialrechte, in deren Ausübung erst der Kanzler ernannt werden konnte. Unterm 14. Juli, also schon 12 Tage früher, ernannte der König den Kanzler unter Gegenzeichnung von v. Mühler und dem Grafen zur Lippe. Eine fortgesetzte generatio aequivoca! (Vgl. Laband I S. 26 gegen Haenel I S. 77.)

26. Juli 1867 sich als solches Anerkennungsgesetz nicht geben kann — denn weder Reichstag noch Bundesrat sind darüber gehört —, da der Norddeutsche Bund die ihn schaffende Verfassung nicht feierlich zu verkünden vermochte, da König Wilhelm auch nicht als Einer ihrer Miturheber von den sie Vereinbarenden einen Verkündungsauftrag erhalten hatte, so hat von diesem ganzen Publikandum lediglich der Passus bezüglich der Übernahme der Präsidialrechte rechtliche Bedeutung [99]).

§ 11.

8. Die Rechtslage nach der Verfassungsvereinbarung.

Die durch die Vereinbarung und deren Unvollständigkeit geschaffene Rechtslage war folgende:

I. Mit dem 17. April 1867 waren die Bestimmungen des Bündnisses vom 18. August 1866 über die Verfassungsvereinbarung erfüllt und der Vertrag insoweit wegfällig geworden. Kein norddeutscher Staat war verpflichtet zu einem neuen oder einer Fortsetzung des alten Vereinbarungswerkes die Hand zu bieten. Die Verfassung war das letzte Wort wie des Reichstags so der Regierungen. Dieses Wort war ein unwiderrufliches: denn der Mund, der es gesprochen, existierte nicht mehr. Die das Werk zusammen errichtet, hatten einander gegenseitig gelobt, es im ganzen wie einzelnen als

---

[99]) Die Publikation v. 26. Juli hat nach Westerkamp, Über die Reichsverfassung, S. 17 „ihr weder Geltung gegeben, noch ihre schon bestehende Geltung verstärkt"; sie war nach Laband I S. 30 „kein Gesetzgebungsakt". Die Ausführungen Haenels I S. 77, „wonach der organisierte Bund die Bundesverfassung zum obersten Bundesgesetz" erheben mußte und dies durch das Publikandum vom 26. Juli gethan habe, wonach ferner erst mit diesem Tage der Bündnisvertrag v. 18. August 1866 seine endgültige Erfüllung gefunden, lassen sich nicht halten. Auch Haenel verfällt hier dem Gesetzlichkeitsfehler, nur will er die Bundesverfassung nicht in die Form des Landes-, sondern in die des Bundes-Gesetzes umgießen. Aber Haenel empfindet deutlicher als die übrigen Publizisten den Mangel einer offiziellen Verkündigung, wenn er diesen vielleicht auch nicht als solchen erkennt.

unabänderlich nicht nur selbst zu betrachten, sondern als solches gegen jeden Angriff dritter zu behaupten und es ohne jede Modifikation zur Durchführung zu bringen, soweit sie nicht ehehafte Not daran hinderte. In demselben Augenblick, wo eine norddeutsche Regierung sich aus dem Ringe löste und einer Infragestellung auch nur des kleinsten Satzes zustimmte, handelte sie gegen feierlich übernommene Verpflichtung.

Schließt die Regierung einen Staatsvertrag ab, der zur Rechtskraft nach Landesrecht der Zustimmung der Kammern bedarf, so übernimmt sie gleichfalls die Pflicht der bona fides das ihr Mögliche zu thun um deren Zustimmung zu erhalten. Aber die fremde Regierung weiß, daß jeder Vertragsartikel von den Landständen beanstandet werden kann, und die inländische Regierung kann sich nicht dafür verbürgen, daß dies unterbleibt.

Viel gebundener war die einzigartige, mit andern Rechtsgebundenheiten gar nicht vergleichbare Rechtslage aller Teilnehmer am Verfassungswerke. Ihnen allen — Regierungen wie Volk — war rechtlich unmöglich auch nur um eines Buchstabens Breite sich von der Verfassung zu entfernen oder dritten eine solche Entfernung zu gestatten oder auch nur zuzusehen, wie sie geschah. Sie hatten sie ganz, wie sie war, zur Durchführung zu bringen sich fest verpflichtet.

Wer dem gegenüber die Verfassung als „Entwurf" bezeichnet, sie vielleicht gar nur als Entwurf eines Landesgesetzes betrachtet, übersieht Rechtsverschiedenheiten fundamentaler Art [100]).

Ja mit dem 17. April 1867 war sie als ohne weiteres durchführbares Grundgesetz des Norddeutschen Bundes von allen Staaten

---

[100]) Aus den Verhandlungen zwischen Senat und Bürgerschaft in Bremen, Jahrgang 1867, ersehe ich, daß der Senat unter dem 3. Mai 1867 der Bürgerschaft die Verfassung als einen „Vertragsentwurf" vorlegt, und daß die Bürgerschaft unterm 8. Mai denselben genehmigt und damit die darin aufgestellte Bundesverfassung als rechtsverbindlich für Bremen anerkennt. S. 203, 219. — In der Sitzung des Oldenburg. Landtags v. 23. Mai 1867 wird beschlossen, daß die Annahme der norddeutschen Bundesverfassung den Charakter eines Staatsvertrages habe, und daß deshalb die einmalige Genehmigung des Landtags genüge.

anzuerkennen, deren Stände das definitive Vereinbarungswerk den Regierungen und dem Reichstage überlassen hatten.

II. Die Verfassung beanspruchte, wenn sie überhaupt in Kraft trat, mit der in Art. 2 den Reichsgesetzen zugesprochenen Macht zwingend gemeinen Rechts in Kraft zu treten, also ipso jure Bresche zu legen nicht nur in die Organisationen der bestehenden Landesstaatsgewalten, sondern in diese selbst, soweit die Verfassung zu ihrer Geltung dieses freigelegten Raumes bedurfte. Die durch sie bewirkte Veränderung des Landesverfassungsrechtes war deshalb so einschneidend, weil sie einen Teil dieser Landesgewalt selbst beseitigte, damit auch tief in die Rechte der Stände eingriff, weil sie aber auch noch weiter dem Rest der Landesstaatsgewalt auf allen Gebieten, die zur Zuständigkeit des Bundes gehörten, ihre bisherige Souveränität nahm und sie der Centralgewalt unterstellte, weil sie ferner die Inhaber der Landesstaatsgewalt und ihre Staaten zu Mitinhabern der Bundesgewalt zu machen beabsichtigte, und weil keine Landesgewalt diese Änderung mehr rückgängig machen konnte.

Nun war die Ohnmacht der Einzelstaaten in vier Punkten ebenso bedeutsam wie unwidersprechlich.

1. Keine Gewalt kann bestimmen, daß eine höhere als sie selbst in Kraft treten solle. Kein Staat, auch Preußen nicht, vermochte durch Staatsgesetz die norddeutsche Bundesverfassung überhaupt oder auch nur für sein Gebiet in Kraft zu setzen: denn die Verfassung wollte im ganzen herrschen, kannte keine Teilherrschaft, und Preußen vermochte nichts über den Norddeutschen Bund als Ganzes [101]).

2. Keine Staatsgewalt kann deshalb durch Gesetz erklären, daß sie von einem bestimmten Tage an Staatsgewalt zweiter Ordnung sei, weil dies voraussetzt, daß von diesem Tage an die Gewalt erster Ordnung ins Leben tritt.

3. Keine Landesgewalt war imstande in einem Landesgesetz die Verfassungsänderungen zu formulieren, deren es bedurfte um

---

[101]) S. oben S. 10.

der Verfassung des Bundes Raum zu schaffen. Sie hätte zu diesem Behufe eine authentische Auslegung über die Tragweite der Bundesverfassung zu geben versuchen müssen, und dieselbe wäre mit dem 1. Juli 1867 laut Art. 2 der Verfassung hinfällig geworden [102]).

4. Ja selbst keine Landesgewalt war imstande durch Landesgesetz Besitz von den ihr zugedachten Reichsregentschaftsrechten zu ergreifen. Denn diese erwuchsen ihr durch Inkrafttreten der Verfassung, und darüber hatte sie keine Macht.

Somit ist evident: die notwendigen Landesverfassungsänderungen konnten von Landesrechts wegen nicht zur Durchführung gelangen. Sie konnten sich nur als ipso jure eintretende Wirkungen des Inkrafttretens der Bundesverfassung vollziehen [103]).

Jeder andere Versuch zum Ziele zu kommen mußte fehlschlagen, insbesondere der Versuch, um mit Twesten zu reden [104]), die Bundesverfassung durch Verkündung in der Form der Landesgesetze zum „integrierenden Teil des Verfassungsrechtes" des einzelnen Landes zu machen [105]). Denn ganz abgesehen davon, daß die Bundesverfassung ihrem Inhalte nach den Rahmen jedes Landesgesetzes sprengt, daß die Satzungen über Bundesgebiet, den Bundesrat, den Reichstag, die Marine die Prätention des angeblichen Landesgesetzes einfach verhöhnen, war dies deshalb unmöglich, weil

---

[102]) Diese Unmöglichkeit ist erst später beim Inkrafttreten des Norddeutschen Strafgesetzbuches klar erkannt worden. Alle Versuche der partikulären Einführungsgesetze positiv zu bestimmen, was vom Landesstrafrecht neben dem gemeinen Rechte weiter gelten konnte, geschahen zu Unrecht und ohne Erfolg. S. bes. Heinze, das Verhältnis des Reichsstrafrechts zu dem Landesstrafrecht. Leipzig 1871. In den Verhandlungen des preußischen Abgeordnetenhauses über die vorgelegte Verfassung täuschte man sich darüber: f. bes. Virchow (Sitzung vom 1. Mai 1867, Stenogr. Ber. S. 14); ja selbst Twesten hält es für korrekter, jene Detailrevision der preußischen Verfassung vorzunehmen, nur erklärt er dies für etwas Formelles und bekämpft es wegen der großen Schwierigkeiten (f. Sten. Ber. S. 13. 27. 28).

[103]) Dies dürfte Haenel, Studien I S. 76 nicht genügend gewürdigt haben.
[104]) Abgeordnetenhaus, Sitzung v. 6. Mai 1867 (Stenogr. Ber. S. 27. 28).
[105]) Nach Schulze, Deutsches Staatsrecht I S. 165, ist sie dies aber geworden. S. dagegen Laband I S. 25.

der Staat, der eine Verfassung als Landesverfassung aufgenommen hat, sie auch wieder muß abschaffen, jedenfalls auch authentisch muß auslegen können, und weil die Reichsverfassung das eine gerade so unmöglich macht wie das andere.

III. Somit hing alles davon ab für das Inkrafttreten der Verfassung, durch Beseitigung der Hindernisse derselben die Möglichkeit zu schaffen. Wären nun

1. die norddeutschen Staaten alle absolute Monarchien gewesen, so wäre die Einführung der Verfassung auf keine zu achtenden Rechte gestoßen und die Regierungen hätten einfach den dies a quo bestimmt. Das Gleiche war möglich bezüglich der konstitutionellen Staaten, deren Kammern von Anfang an auf das Recht der Genehmigung nach Feststellung der Verfassung verzichtet hatten[106].

2. Diese norddeutschen Staaten aber waren beschränkte Monarchien und Republiken. Ihre Fürsten hatten sich fest zum Eintritt in den Norddeutschen Bund verpflichtet, also bereit erklärt Teile ihrer Staatsgewalt zu opfern, dagegen Teilhaber der Reichsgewalt zu werden. Das einzige Hindernis des Inkrafttretens der Verfassung bildeten also die ständischen Rechte. Ebensowenig wie die Stände fähig waren die zum Inkrafttreten der Reichsverfassung nötige Verfassungsänderung vorzunehmen, ebensowenig konnte sich diese Änderung ohne ihre Zustimmung vollziehen. Es war also gar nichts anderes möglich, als daß die Regierungen, ihre feste Gebundenheit erklärend, die Genehmigung ihrer Kammern einholten, aber nicht zum Abschluß der Verfassung — denn diese war fertig —, auch nicht allein zum Eintritt der einzelnen Regierung in den

---

[106] In dieser glücklichen Lage befand sich jedenfalls Braunschweig. Das Patent v. 25. Juni 1867 lautet: „Nachdem die Verfassung vereinbart worden ist und die Zustimmung der Landesversammlung des Herzogtums im voraus bereits erhalten hat, verkünden Wir nachstehend die gedachte Verfassung hiermit zur Nachachtung." Glaser, Archiv I H. IV S. 121. Braunschweig war so loyal, daß es nicht einmal den Tag des Inkrafttretens bestimmte. — Aber in derselben Rechtslage befanden sich m. E. alle Staaten, deren Kammern an der vereinbarenden Stellung des Reichstages keinen Anstoß genommen hatten. S. oben S. 34 Anm. 65. Doch wurde dies nicht beachtet.

Bund: denn nur der Vollzug der Verfassung durch die sämtlichen norddeutschen Staaten bedeutete deren Inkrafttreten, also implicite den Beginn zwingend gemeinen Rechtes und den Verlust ständischer Rechte, — sondern damit, daß an einem bestimmten Tage die Bundesverfassung in Kraft trete. Darin lag alles beschlossen: die Anerkennung des Norddeutschen Bundes und der zwingenden Autorität seines Grundgesetzes, die Genehmigung des Eintritts des einzelnen Staates in denselben, der erforderliche Verzicht auf die ständischen Rechte.

Dann stand die Verfassung — wie allein recht und würdig — als das, was sie war, als abgeschlossenes Ganzes den einzelnen Landständen gegenüber: als Ganzes war sie zu genehmigen oder zu verwerfen; niemanden konnte es zu Sinne kommen über einzelne Artikel votieren zu wollen. Da leider eine offizielle Verkündung der Bundesverfassung fehlte, so mußte dieser Genehmigung ein Abdruck derselben als Anlage beigefügt sein. —

Es verstand sich von selbst, daß diese Genehmigung, da sie eine gewaltige Verfassungsänderung nicht durchführte, aber ermöglichte, mit den zur Verfassungsänderung nötigen Majoritäten und in deren Formen der Abstimmung zu erteilen war. Konnten bei diesem Vorgehen auch vielleicht einzelne Bestimmungen der Landesverfassungen nicht strikt zur Durchführung kommen, so war doch das Wesen ihres Willens gewahrt, und wie bei Errichtung von Bundesstaaten zu verfahren, pflegen Landesgesetze nicht zu regeln.

Die Genehmigung verlieh der Bundesverfassung nicht verbindliche Kraft für die einzelnen Staaten: sie ermöglichte nur, daß der Bund seine Autorität auch über den Staat der genehmigenden Kammer erstrecke. Aber der Bund mußte dies thun: das Landesgesetz vermochte dies nicht.

Sie begründete auch nicht die Rechtspflicht der einzelnen Regierung in den Bund einzutreten: denn Recht und Pflicht dazu bestanden schon durch die Vereinbarung. Sie machte aber der Regierung die Bahn frei[107])!

---

[107]) Man vgl. damit die mannigfach abweichende Auffassung Labands I. bef. S. 27 ff.

Insoweit hatten alle diese Genehmigungen denselben Inhalt, wenn auch ihre rechtlichen Folgen für die verschiedenen Landesverfassungen sehr verschieden waren.

Es wäre bei der Bedeutung dieser Akte für zwei ganz verschiedene Staaten korrekt gewesen, daß sämtliche norddeutschen Regierungen mit gesamtem Munde in Nr. 2 des Norddeutschen Bundesgesetzblattes erklärt hätten: mit Genehmigung aller ihrer Landstände resp. der Bürgerschaften der Hansestädte träte die Bundesverfassung am 1. Juli 1867 in Kraft, und daß jede einzelne Regierung für sich und ihren Staat in den Landesgesetzblättern das Inkrafttreten mit Genehmigung der jeweiligen Landstände verkündet hätte.

§ 12.
9. „Landesgesetzgebung".

I. An Stelle dieses einfachen Weges sind andere, viel weitere, viel unrichtigere gewählt worden. Der Gesetzlichkeitsfehler schießt in volle Blüte, und an dieser Stelle gab Preußens Regierung in der That kein gutes Beispiel. Sie griff zu einer der schlimmsten Fiktionen; sie that, als sei die vereinbarte Reichsverfassung Entwurf eines verfassungsändernden preußischen Landesgesetzes und unterbreitete die Verfassung als solchen Entwurf der „Beschlußnahme" des Landtags[108]). Dieser starke Fehlgriff hatte die seltsamsten Folgen: denn es mußte dann in der That hier wie in allen norddeutschen Staaten, die denselben Weg einschlugen, jeder einzelne Artikel der Verfassung zu Debatte und Abstimmung gestellt werden, falls nicht die Enbloc-Annahme beantragt und beschlossen wurde[109]); es mußte der falsche Glaube Nahrung finden, daß die Bundesverfassung zum

---

[108]) Das Königliche Dekret an die Sächsischen Stände, die Verfassung des Norddeutschen Bundes betr., v. 29. April 1867, legt gleichfalls die Verfassung den Kammern „zur Beratung und verfassungsmäßigen Zustimmung" vor.

[109]) Vgl. den Bericht über die Sitzung des preußischen Abgeordnetenhauses v. 8. Mai 1867 (Stenogr. Bericht S. 106). Alle 79 Artikel wurden aufgerufen, ebenso Überschrift und Einleitungsformel — eine dem Ernst der Sache sehr unwürdige Posse! Natürlich meldete sich niemand zum Wort.

Landesgesetz degradiert und durch die einzelnen Staaten für sie könne in Kraft gesetzt werden; und es zeigten endlich die Landesgesetze mit ihren fürstlichen Unterschriften die norddeutschen Fürsten in einer Freiheit der Bewegung, die sie nicht mehr besaßen. Sie hatten sich schon der Verfassung verschrieben; deren Vollzug konnte ihnen durch die versagte Genehmigung der Stände unmöglich gemacht werden: sie konnten sie aber nun nicht mehr als Landesherren nach erst eingeholter Zustimmung der getreuen Stände verkünden.

II. Alle norddeutschen Stände nahmen aber die Verfassung unverändert an, und sie wurde in allen norddeutschen Staaten publiziert. Das letzte Hindernis zur Verfassungsverwirklichung war damit gehoben. Neue Rechte wie Pflichten sind den Regierungen aus diesen „Landesgesetzen" schlechterdings nicht erwachsen: die für sie durch die Vereinbarung begründeten wurden nur sozusagen mit der Vollstreckbarkeitsklausel versehen.

III. Vergleicht man diese Publikationspatente [110]), so fällt zunächst die Gleichheit ihres Inhaltes und Aufbaues in die Augen, so daß wohl eine Verständigung über dieselben unter den norddeutschen Regierungen angenommen werden darf. Sie enthalten:

1. daß die Verfassung des Norddeutschen Bundes zwischen Regierungen und Reichstag vereinbart worden ist [111]);

2. daß sie die Zustimmung des Landtages erhalten hat [112]);

---

[110]) S. dieselben bei Glaser, Archiv I Heft IV S. 117—124. Über Braunschweig, das ganz isoliert steht, s. oben S. 57 N. 106. Über die Titel dieser Erlasse s. unten S. 61 N. 114.

[111]) S. oben Note 90. Sachsen sagt von ihr aus, wie sie durch den Reichstag am 16. April dieses Jahres . . angenommen worden; Oldenburg bezeichnet sie als aus der Beratung des Reichstags hervorgegangene Verfassung; ähnlich Schwarzburg-Rudolstadt.

[112]) Lauenburg: „nach vorgängiger Kommunikation mit Unserer Ritter- und Landschaft." Reuß ä. L. behielt die Zustimmung des einzuberufenden Landtags vor. — In Lippe hat nachfolgende Verfassung „die Zustimmung des zu deren Beratung berufenen Reichstages so wie Unserer getreuen Stände erhalten" — eine erheiternde Gleichstellung!

3. daß sie auf Grund beider Thatsachen verkündet wird [113]);

4. daß endlich verordnet wird, dieselbe trete am 1. Juli 1867 in dem jeweiligen Lande in Kraft. Nur Sachsen, Coburg-Gotha, Meiningen, Altenburg, beide Schwarzburg, Schaumburg-Lippe und Bremen verfügen allgemein, daß dieselbe vom 1. Juli 1867 an in Kraft treten solle, Braunschweig und Lippe verkünden sie zu allgemeiner Nachachtung.

5. Sachsen weist noch den interessanten Zusatz auf, wonach die Stände „auch unserer Staatsregierung zur Ausführung der darin enthaltenen Bestimmungen die Ermächtigung, soweit es einer solchen überhaupt bedarf, erteilt" haben.

6. Weimar und Schwarzburg-Sondershausen bezeichnen als Wirkung des Inkrafttretens der Verfassung, daß die bestehenden Landes-, besonders die Grundgesetze, „insoweit sie mit derselben nicht vereinbar sind, als abgeändert zu betrachten sind".

Die Verfassung selbst folgt, außer in Meiningen, wo sie in das Patent eingefügt ist, durchweg dem Patente nach [114]).

IV. Die staatsrechtliche Bedeutung dieser Erlasse [115]), die

---

[113]) Coburg-Gotha bringt dieselbe zur „gesetzlichen Publikation". Noch eigentümlicher Oldenburg und Schwarzburg-Rudolstadt, welche sie als „Gesetz für das Großherzogtum" und als „Landesgesetz" verkünden.

[114]) Der Kopf dieser Landeserlasse ist nicht der gewöhnliche des Landesgesetzes: „Wir .... verordnen", sondern der der Verkündung, an die sich die Verordnung bezüglich des Inkrafttretens anschließt: „Wir Wilhelm — thun kund und fügen hiermit zu wissen." Sie alle legen auf die Verkündung der Bundesverfassung den Hauptnachdruck. Sie nennen sich deshalb 1. Publikationspatent: in Preußen, Braunschweig, Anhalt, Waldeck, Lippe; 2. Patent betr. die Verkündigung od. Publikation: in Oldenburg, Altenburg, Schwarzburg-Sondershausen, Schaumburg-Lippe; 3. Verordnung die Publikation betr. od. Publikationsverordnung: in K. Sachsen, Hessen, beiden Mecklenburg, Reuß ä. L.; 4. Bekanntmachung: in Lübeck, Hamburg und wohl auch Bremen (mir zur Zeit nicht zugänglich); 5. Selten „Gesetz betr. die Publikation", so in Meiningen, Coburg-Gotha, Schwarzburg-Rudolstadt, Reuß j. L.; 6. Weimar hat keine Überschrift. Der Kopf lautet: „Wir ... verkünden".

[115]) Interessant ist die Ansicht von Mejer, Einleitung S. 302. 303, die

negativ insofern feststeht, als sie unvermögend sind die Reichsverfassung zum Landesgesetz zu erniedrigen, positiv zu bestimmen hat deshalb Schwierigkeiten erzeugt, weil in ihnen Erlasse zweier ganz verschiedener Subjekte in ungehörige Verbindung gebracht sind. Es erhellt dies sofort, wenn man beachtet, daß diese Patente zu einem Teile in ihrer Gesamtwirkung, zum anderen Teil isoliert in ihrer Wirkung auf den einzelnen Staat betrachtet sein wollen.

1. **Die Patente sind, sofern sie die Verfassung verkünden und den Tag ihres Inkrafttretens bestimmen, formell inkorrekte Erlasse der die norddeutsche Verfassung gebenden und ausführenden Gewalt.** Sie ergehen insoweit prinzipiell namens der gesamten norddeutschen Regierungen und des norddeutschen Parlaments. Sie hätten in dieser Eigenschaft zu einem Erlasse zusammengefaßt werden müssen, der die erforderliche Genehmigung sämtlicher Landstände zu erwähnen gehabt hätte.

Da die offizielle Verkündung der Verfassung und die Bestimmung, wann sie in ganz Norddeutschland in Kraft treten sollte, fehlten, gerieten die einzelnen Regierungen auf den falschen Weg ein Surrogat für das Notwendige, das unterlassen war, zu schaffen: auf den Weg der Einzelpublikation, und, was noch viel schlimmer war, der teilweisen Inkraftstellung einer Zentralverfassung für die einzelnen Territorien. Wie sehr die Bestimmung des dies a quo

---

Publikation der Bundesverfassung in Gestalt des preußischen Landesgesetzes hätte in analoger Anwendung nach Art. 2 der preußischen Verfassung erfolgen müssen, weil Preußen einen Teil der Staatshoheitsrechte der übrigen Staaten „inkorporiert" habe, und sie habe neben anderem bedeutet, daß „die norddeutsche Bundesgewalt ein modifizierter und besonderen Ausübungsbedingungen unterstellter Teil der preußischen Staatsgewalt sei". Die nicht preußischen Publikationen hätten dazu das staatsrechtliche Komplement gebildet. Allein auch Preußen hat Rechte aufgegeben und der Unterwerfungsvertrag zwischen ihm und den übrigen Staaten ist nicht geschlossen worden. Doch ist richtig, die wenigen monarchischen Rechte des Bundes-Präsidiums sind nur ausgewachsene preußische Rechte: indessen haben sie aufgehört Bestandteile der preußischen Staatsgewalt zu sein.

außer dem Bereiche des einzelstaatlichen Erlasses lag, ergiebt sich nicht nur daraus, daß eine Verständigung zwischen den norddeutschen Regierungen über diesen Tag natürlich herbeigeführt wurde, sondern daß die Publikationspatente auch mehrfach, wie z. B. in Preußen, bezüglich dieses Tages als Blankette den Ständen vorgelegt und von diesen in solcher Form genehmigt wurden[116]). Daß die einzelstaatliche Publikation keine authentische ist, daß wir nicht 22 authentische Texte der Bundesverfassung besitzen, bedarf keines Wortes.

Es würden diese Publikationen jeder Bedeutung ermangeln, wäre eine offizielle Verkündung der Verfassung vorher erfolgt gewesen. Da dies nicht der Fall war, so erscheinen sie als integrierende Bestandteile des Genehmigungsaktes, dessen Inhalt sie bestimmen. Bestandteil des Landesrechts wird nicht die Verfassung, sondern die Genehmigung ihres Inkrafttretens: diese Genehmigung nimmt gerade auf sie als etwas außer dem Landesrecht Stehendes Bezug.

Ebenso ist die norddeutsche Bundesverfassung nicht durch Landesgesetz, sondern durch die That des Eintritts der Staaten und des norddeutschen Volkes, das schon zum Reichstag organisiert aus der Zeit vor dem 1. Juli 1867 in die Bundeszeit hinübertrat[117]), in den Bund in Kraft gestellt.

2. **Die Patente sind aber zugleich Erlasse der einzelnen Staatsgewalten als solcher.** Jeder Staat hatte nötig seinem Volke den Tag des Inkrafttretens der Reichsverfassung und die gewaltige Verfassungsänderung, die sich mit diesem Tage auf dem Boden des Landesstaatsrechtes vollziehen würde, kundzuthun unter Hervorhebung der ständischen Genehmigung. Auch darin war wieder alles beschlossen: die Erklärung des

---

[116]) In der Sitzung des preuß. Abgeordnetenhauses vom 1. Mai 1867 (Stenogr. Ber. S. 12) bemerkte v. Bismarck, es solle nach erhaltener Sanktion der Vorlage mit den übrigen Regierungen der Termin des Inkrafttretens vereinbart werden.

[117]) Eine Neuwahl des Reichstages wurde nicht vorgenommen.

Entschlusses der Regierung mit ihrem Staate in den Bund einzutreten, des nötigen Verzichts auf einen Teil der Staatsgewalt, insbesondere auf Rechte der Regierung wie der Stände, endlich die Erklärung von den Reichsregentschaftsrechten Besitz ergreifen zu wollen. Alles dieses ward unter dem Gesichtswinkel des einzelnen Staates erklärt.

So sind in allen diesen Patenten zwei ganz heterogene Bestandteile zu scheiden, die der Gesetzgeber kunstvoll konfundiert hat.

3. Es ergiebt sich jetzt auch genau die Bedeutung der Mitwirkung der einzelnen Landstände. Sie waren nicht Mitinhaber der verfassunggebenden Gewalt. Sie mußten nicht um ihre Zustimmung zu der ordnungsmäßigen Publikation der Reichsverfassung gefragt werden; sie hatten nicht den Tag des Inkrafttretens zu bestimmen[118]). Sie mußten allein darum gefragt werden, ob sie mit diesem Inkrafttreten einverstanden wären. Erklärten sie dies, so nahmen sie nicht Teil an einem Landesgesetz, das eine Verfassungsänderung im einzelnen bestimmte, sondern ihre Genehmigung war ein gewaltiges Blankett, dessen Inhalt und Tragweite — ganz besonders auch gegenüber der partikularen Verfassung — allein nur die Bundesverfassung bestimmte. Versagten sie diese Genehmigung, so eximierte dies ihren Staat höchstens ipso jure vom Norddeutschen Bunde[118a]); dieser trat zwar ins Leben, umfaßte aber statt 22 nur 21 Staaten.

Es hatten also die einzelnen Stände mit der Schöpfung der Verfassung gar nichts, mit dem Inkrafttreten derselben nur insoweit zu thun, als sie durch deren Genehmigung das einzige noch vorhandene Hindernis dieses Inkrafttretens zu beseitigen berufen waren.

Eine fundamentalere Verschiedenheit wie die zwischen der Rechtsstellung des vereinbarenden Reichstags und der einzelnen Landstände ist undenkbar. Nicht jener beriet und sie beschlossen. Jener war vielmehr einer der Schöpfer der Verfassung und des neuen Staates, und die Stände hatten vor diesem Staate soweit nötig

---

[118]) Gut Hänel I S. 75.

[118a]) Unzweifelhaft ist dies nicht. Der landesrechtswidrige Eintritt in den Bund wäre kaum rechtsungültig gewesen.

zu abdizieren und einen Teil ihrer Rechte als hindernde Schranken seines Eintritts in die Wirklichkeit selbst zu beseitigen.

Die ergangenen Bundesgesetze können nach allem nicht anders gefaßt werden als die formell inkorrekten Genehmigungen der Stände von dem Inkrafttreten der Reichsverfassung, somit als die Anerkennung sämtlicher Rechtsfolgen dieser Thatsache durch die einzelnen norddeutschen Staatsvölker.

§ 13.

IV. Die Rechtsgedanken im Gründungswerk.

Wenn trotz manches begangenen Fehlers die Reichsgründung des Jahres 1867 glücklich gelungen ist, so waren die angewandten Mittel jedenfalls tauglich und die entstandenen Hemmnisse unkräftig deren wirkende Kraft zu paralysieren. Aus der Betrachtung der Mittel, der Hemmnisse, des Erfolges müssen sich deshalb allgemeine Rechtswahrheiten gewinnen lassen.

I. Ist jede Staatsschöpfung That, Willensverwirklichung, so ist die Schöpfung eines Verfassungsstaates notwendig zweiaktige Handlung. Wenn mannigfach die Behauptung begegnet, jede Staatsgewalt komme unbeschränkt auf die Welt und müsse sich erst hinterher den Kappzaum anlegen, die Begründung des Verfassungsstaates als solchen sei unmöglich, so wird diese auch theoretisch haltlose Ansicht nicht minder durch die Gründung der drei großen neuen Bundesstaaten widerlegt. Vielmehr ist der erste Akt notwendig die Errichtung, der zweite die Vollstreckung der Verfassung.

II. Beide Akte wurden 1867 von genau denselben Mitthätern, den 22 norddeutschen Regierungen und dem einen norddeutschen Volke vorgenommen. Sollen andere als die Schöpfer einer Verfassung dieselbe ins Leben führen, so müssen ihre Handlungen als Ausführungen fremden Willens zugleich Anerkennungs= und können nicht reine Vollstreckungshandlungen sein.

III. Bei beiden Akten standen den Urhebern Gehilfen zur Seite und zwar jedesmal die Völkerschaften der einzelnen norddeutschen Staaten[119]). Diese Beihilfe war unwesentlich, weil unnötig, zur Verfassungserrichtung: die Wahlen durften nicht auf Grund partikularer Wahlgesetze ausgeschrieben werden. Die Beihilfe war insoweit rechtswidrig. Aber der Charakter des Reichstags als echter Volksvertretung blieb dadurch unberührt. Die Beihilfe war wesentlich zum Verfassungsvollzug; denn nur wenn die Stände das Inkrafttreten der Verfassung genehmigten, konnte sich diese ganz Norddeutschland unterwerfen. Diese wesentliche Beihilfe wurde von einzelnen Kammern im voraus, von der Mehrzahl erst nach Errichtung der Verfassung geleistet. Unterblieben ist sie in keinem norddeutschen Staate. Sie hat fast durchweg die falsche Form angenommen. Der Gehilfe versuchte sich unter die Urheber zu drängen. Er blieb trotzdem was er war, da ihm die Qualitäten zum Urheber mangelten.

IV. Von jenen beiden Akten ist der erste ebenso wesentlich solenn, als der andere unfeierlich. An bestimmtem Tage schließt das Stadium der Verfassungsberatung. Es folgen rasch auf einander — 1867 nur durch Stunden getrennt — die beiden Haupthandlungen der Miturheber, die beiden Schlußwillenserklärungen, und als Ergebnis der Vereinbarung steht das abgeschlossene Verfassungswerk vor aller Welt Augen. Die Vollstreckung der Verfassung dagegen vollzieht sich oft unbemerkbar; die Miturheber werden nacheinander, wie das Spiel erfordert, auf die Bühne gerufen; sie kann nicht Akt auf einen Schlag, sie muß fortgesetzte Handlung sein. Ihre Unscheinbarkeit — in der Zeit des Juli 1867 ohne Not künstlich dadurch gesteigert, daß der Bund kein Lebenszeichen von sich gab, — entzieht sie dann wohl der Beachtung, und der Glaube entsteht Verfassungs- und Staatserrichtung seien identisch, fielen

---

[119]) Der so unendlich wichtige Gegensatz von Urheberschaft und Beihülfe geht durch das ganze Rechtsgebiet, wird aber seltsamerweise fast nur von Kriminalisten beachtet. Die ganzen Akte der konstitutionellen Gesetzgebung, der Kontrasignatur und zahlreiche andere sind nur mit seiner Hülfe ganz zu verstehen.

notwendig zeitlich zusammen. Er ist irrig. Auch wenn am 17. April 1867 der Bund sofort sich zu regen begonnen hätte, der Vollzug folgt doch dem zu Vollziehenden stets zeitlich nach.

V. Von jenen beiden Akten ist der erste Begründung, der zweite Vollzug objektiven Rechts und subjektiver Rechte und Pflichten.

1. Die „Vereinbarung" bildet den Thatbestand, die Entstehung der Verfassung als echten Gesetzes seine Rechtsfolge. Die Vereinbarung selbst ist weder Gesetzes- noch Rechtsvollzug, vielmehr ein rechtsbegründender Akt extra legem. Wenn auch das Recht zweifellos nicht ausschließlich auf Staatsboden wächst, so setzt es doch das Dasein eines anerkannten Gemeinwillens in einem bestimmten Menschenkreise voraus. Es kann nicht behauptet werden, daß das ganze norddeutsche Volk zusammen mit allen norddeutschen Regierungen unter dem Banne desselben Gemeinwillens gestanden hätten. Sie konnten aus ihm ein subjektives Recht zur Verfassungsschöpfung nicht ableiten. Sie besaßen kein solches, sonst hätten sie auch von sich aus das widerstrebende Landrecht zu brechen vermocht; insoweit kann ihre Vereinbarung als „thatsächlicher Vorgang" bezeichnet werden.

2. Aber wenn auch der Rechtsbegründungsakt — wie allgemein anerkannt — nicht Rechtsvollzugsakt zu sein braucht[120]), so muß er doch zur Rechtsbegründung Tauglichkeit besitzen. Nicht jeder thatsächliche Vorgang, an den sich der Erfolg schließt, reicht aus. Wir müssen berechtigt sein, den Kausalzusammenhang zwischen Thatbestand und Folge zu behaupten. Das gilt wie von der Begründung subjektiver Rechte, so auch von dem Akte der Neuschöpfung eines Staatswesens. Wir sind heute nicht zweifelhaft, die Errichtung einer Gesamtstaatsverfassung durch das Volk allein oder die Regierungen allein für unmöglich zu erklären[121]), während das Ver-

---

[120]) Man denke an das Rechtsgeschäft der Okkupation im privaten wie öffentlichen Recht. Der Okkupant braucht kein Okkupationsrecht zu besitzen.

[121]) Nur schließt dies nicht aus, daß die oktroyierte Verfassung später durch allgemeine Anerkennung konvalesziert.

fassungsbündnis an die Tauglichkeit der Vereinbarung wie an ein Dogma glaubte. Nur kann die Tauglichkeit dieses Schöpfungsaktes nicht wie die rechtsbegründender Rechtsgeschäfte an einem Gesetze abgelesen werden. Sie kann sich nur darauf gründen, daß er die Potenzen enthält, welche auch innerhalb des Rechtslebens als gesetzbegründend angesehen werden: das sind Bildung und Erklärung eines Gemeinwillens, dem alle, denen er gelten will, Folgeleistung schulden.

3. Besaßen nun die norddeutschen Regierungen und das norddeutsche Volk zur Verfassungserrichtung nicht ein subjektives Recht, so besaßen sie zweifellos die dazu nötige Fähigkeit. Das neue Gemeinwesen wollte gerade das Rechtsverhältnis zwischen diesen beiden Faktoren und nur zwischen ihnen schaffen und gestalten. Beide standen sie dabei auf rechtsfreiem Gebiete. Nur bei ihnen lag deshalb die Entscheidung, ob jene Schöpfung und wie sie geschehen sollte. Ihre Legitimation war in demselben Augenblick unanfechtbar, wo ihr Wille sich auf sie selbst beschränkte: es gab dann keinen Prätendenten der Mitentscheidung. Hätten auswärtige Staaten oder aber Korporationen im Bereiche Norddeutschlands den Anspruch erheben können, bei dem Verfassungswerke mit gehört zu werden, und ihn wirklich erhoben, so wurde die Legitimation zweifelhaft[122]). Aber weder das eine noch das andere traf zu. Regierungen und Volk waren zu dem Werke legitimiert, weil allein fähig und an der Verfassungserrichtung durch Landesrecht nicht gehindert. Da das norddeutsche Volk als Ganzes — ohne jede Rücksicht auf seine Spaltung in Staatsvölker — das Volk des neuen Gemeinwesens bilden sollte, so konnte allein das norddeutsche Parlament Mitschöpfer der Verfassung werden. Da die Fürsten und Städte sämtlich im Besitze souveräner Staatsgewalt von Rechtswegen standen, in dieser

---

[122]) Nicht — wenn ich so sagen darf — für die staatsrechtliche, aber für die völkerrechtliche Legitimation der Gründer des Bundes ist allerdings der Nikolsburger Frieden v. 26. Juli 1866 A. VI und sind die Berliner Frieden nicht ohne Bedeutung. Sie schufen negative Voraussetzungen derselben. S. Laband, Staatsrecht I S. 15.

Stellung einander streng koordiniert waren und weder von ihren Genossen allein noch von diesen in Gemeinschaft mit dem Parlament ohne Rechtsbruch fremdem Willen unterworfen werden konnten, hätten die Miturheber der Verfassung ihre Legitimation durch Anerkennung des Majoritätsprinzips auf Seiten der Regierungen auch nur gegen den Willen einer derselben sofort erschüttert.

4. Die notwendige Form für die Ausübung jener Fähigkeit war die Bildung des Gemeinwillens, dem sie alle — Regierungen wie Volk — sich unterstellen wollten, die treffend sog. **Vereinbarung**. Man hat nicht ohne Ironie gefragt, was man sich unter der rechtlichen Natur einer paktierten Verfassung zu denken habe [123]?

Darauf ist zu erwidern, daß alle rechtlich bedeutsamen sog. Willenseinigungen auf zwei Typen zurückgehen: auf den des **Vertrags** und den der **Vereinbarung** [124].

Der **Vertrag** bewirkt streng genommen keine Willenseinigung, sondern nur eine Willens**bindung** der Paciscenten. Keine Einigung deshalb, weil die Willen der Kontrahenten notwendig **verschiedenen** Inhalt besitzen, somit zu einem Gesamtwillen nicht zusammenfließen können. Der eine will geben, der andere nehmen, der eine bestellt die Arbeit, der andere will sie liefern, der eine unterwirft sich durch dinglichen Vertrag der Gewalt des andern, dieser will sein Herr sein. **Der Vertrag ist das Rechtsgeschäft, welches durch zwei, von verschiedenen Rechtssubjekten ausgehende, auf denselben Zweck gerichtete, einander notwendig ergänzende Handlungen verschiedenen Inhaltes begründet wird.** Als Grund der Auslösung von Handlungen betrachtet verpflichtet er entweder nur einen Kontrahenten zur Thätigkeit, oder aber beide, dann jedoch zu Thätigkeiten verschiedenen Gehaltes.

---

[123] So Seydel, Komm. S. 6. Vgl. Zorn I S. 26 Note.

[124] Es ist sehr zu bedauern, daß die rechtlich bedeutsame Willens-Einigung als solche noch nie im Zusammenhang bearbeitet worden ist. Die Folge ist die Verkennung des tiefen Unterschieds der verschiedenen Arten der Willens-Einigung und eine maßlose Ausdehnung des Vertragsbegriffs. Der Text muß sich mit Andeutungen begnügen.

Die Vereinbarung aber ist die Verschmelzung verschiedener inhaltlich gleicher Willen. Sie ist das einzige Mittel zur Bildung eines Gemeinwillens. Als Grund der Auslösung von Handlungen betrachtet, verpflichtet sie entweder alle zu gemeinsamer Handlung oder verpflichtet oder berechtigt den einen Teil der Vereinbarung im Namen beider zu handeln. Es ist Willensvereinbarung, wenn ein Gericht das Urteil findet, wenn eine Kammer beschließt, wenn die Regierung auf den Willen des Parlaments eintritt, wenn mehrere Mitinhaber des Verordnungsrechtes oder der gesetzgebenden Gewalt gemeinsam einen Rechtssatz feststellen. Dabei können die Parteien der Vereinbarung Parteien zu gleichem oder ungleichem Rechte sein. Im ersten Falle werden sie Miturheber, im zweiten wird eine von ihnen zur bloßen Gehilfin der Vereinbarung.

Eine wirklich paktierte Verfassung ist also echte Willenseinigung zwischen den Personen, die, sei es als Herrscher, sei es als Unterthanen, das künftige Gemeinwesen mitbilden helfen wollen, die Errichtung des Gemeinwillens für dasselbe, das Gegenteil eines Unterwerfungsvertrages zwischen dem künftigen Herrscher und den künftigen Unterthanen, das Gegenteil eines Unterwerfungsaktes des einen Teils unter den andern.

5. Die verbindliche Kraft schöpft die vereinbarte Verfassung, seine Rechtsgültigkeit der neue Staat allein aus der vernünftigen, vom Rechte nicht reprobierten, ihm vielmehr als Handlung des Rechtsausbaues willkommenen That zu ihrer Errichtung fähiger Gründer. Nicht sowohl die Einigung der Willen schafft die Verfassung — denn die Willen, die sich gebunden, können sich auch wieder lösen: wohl aber die gemeinsame That, von der es keinen Rücktritt giebt, deren Konsequenzen jeder für sich, alle für alle, Generation für Generation anzuerkennen und zu vertreten haben. Diese That ist die Bildung, Erklärung und Verwirklichung des Gemeinwillens. Ich will in das Mysterium dieser That hier nicht tiefer einzudringen versuchen: daß es aber auch ihr gegenüber für einen der Miturheber nach dem Zustandekommen des Werkes

„nichts derart giebt wie Nullifikation und Secession", darüber sind sich die Vereinbarenden im Frühjahr 1867 völlig klar gewesen.

6. Da ihnen nun die Fähigkeit zur Rechtsbildung für ihren Lebenskreis zugesprochen werden muß, da sie den Willen der Rechtsbildung gehabt haben, da das nötige Mittel zum Zweck in der Vereinbarung zu schaffen ihnen gelungen ist, da sie allein das Maß der Autorität, das sie ihren Satzungen geben wollten, bestimmen konnten, da sie ihnen den Charakter zwingend gemeinen Rechts zu geben beabsichtigten, so ist die Verfassung vom 17. April 1867 ein Gesetz der zur Verfassungserrichtung befähigten Subjekte[125]), und zwar ein gemeinrechtliches Gesetz zwingenden Charakters. Mit Erlaß dieses Gesetzes hatte die verfassunggebende Gewalt ihren Gesetzgebungsberuf erschöpft. Nur das eine Werk zeugt von ihrer großartigen Schöpferkraft. Ein zweites Gesetz zu erlassen, war sie unfähig. Die Verfassung ist als Gesetz einzig in ihrer Art.

VI. Dieses Verfassungsgesetz begann seine rechtsverpflichtende Wirkung für die vereinbarenden Teile vom Tage seines Abschlusses an. Seine Schöpfer waren dadurch verpflichtet, an dem zu bestimmenden Tage zum Vollzuge des Gesetzes mitzuwirken und bis dahin alle Hindernisse dieses Vollzugs in Gestalt der Reichsverfassung widersprechender Rechte soweit zu beseitigen, als sie dies auf dem Wege Rechtens vermochten. Insbesondere waren die Regierungen, die schon innerhalb der Verfassung standen, verpflichtet, die Inkorporation ihrer Staaten in den Bereich der durch die Verfassung Gebundenen soweit möglich herbeizuführen.

Ebenso zweifellos wie die Fähigkeit der Vereinbarenden Recht für sich zu schaffen, war ihre Unfähigkeit Rechte dritter zu Gunsten des Verfassungswerks zu brechen. Da diese Rechte durchaus auf dem Boden des Landesrechts und im Besitze der Landstände sich

---

[125]) Kein konstitutionelles Gesetz (so Haenel I S. 78), da dieses den konstitutionellen Staat als gegründet voraussetzt.

befanden, so bedurfte die zu Recht bestehende Verfassung behufs ordnungsmäßiger Durchführung in den sie anerkennenden und auf ihre Rechte verzichtenden Ständen der wesentlichen Gehilfen, und sie hat sie gefunden. Die Teile folgten dem Willen des Ganzen. In demselben Maße, in welchem diese Hilfe geleistet wurde, gewann das gemeine Recht an Herrschaftsgebiet, bis seine Geltung innerhalb Norddeutschlands keine Schranke mehr fand, und damit das letzte Hindernis die Verfassung am 1. Juni 1867 allseitig zur Ausführung zu bringen geschwunden war.

So haben sich die norddeutschen Regierungen und das norddeutsche Volk ihren Verfassungsstaat begründet. Schon damals hätte unser unvergeßlicher Kaiser Wilhelm seine Worte vom 21. März 1871 sprechen können: „Wir haben erreicht, was seit der Zeit unserer Väter für Deutschland erstrebt wurde: die Einheit und deren organische Gestaltung, die Sicherung unserer Grenzen, die Unabhängigkeit unserer nationalen Rechtsentwicklung." Denn weit schwieriger wie die Erweiterung des Norddeutschen Bundes zum Reich war die Beseitigung des alten Bundes, der alten unseligen Zersplitterung und der Lust an ihr, endlich der Ersatz des Verrotteten durch ein blühendes Gemeinwesen. Leicht gangbar war die Bahn seiner Gründung nicht: aber der große Wille findet stets einen Weg.

Printed by Libri Plureos GmbH
in Hamburg, Germany